Rasso Knoller

Lesereise Stockholm

Rasso Knoller

Lesereise Stockholm

Die Dancing Queen im Schärengarten

Picus Verlag Wien

MIX
Papier aus verantwortungsvollen Quellen
FSC® C004378

Grafische Gestaltung: Dorothea Löcker, Wien
Umschlagabbildung: © fotoman-kharkov / iStockphoto
Druck und Verarbeitung:
EuroPB, s.r.o., Tschechische Republik
ISBN 978-3-7117-1089-5

Informationen über das aktuelle Programm
des Picus Verlags und Veranstaltungen unter
www.picus.at

Inhalt

Ouvertüre

Stockholmer Plätze

Museen einmal anders

Trinken, Essen, Wohnen

Königliches Stockholm

Kurioses

Abseits des Touristenstroms

Geschichten aus der Geschichte

Schärengeschichten

Stockholmer Stimmungen

Ouvertüre

Sonnenaufgang über der Stadt

Wer im Stockholmer Sommer bis zum Sonnenaufgang feiert, kommt früh am Morgen nach Hause

Es ist spät geworden. Richtig spät. Bis halb drei in der Kneipe, und dann hinaus in den Sonnenaufgang. Als ich mitten in der Nacht aus dem »Göta Källaren« hinaustrete, blickt mir das Morgenrot entgegen. Ich bin noch gar nicht zu Bett gegangen, und die Sonne ist schon wieder kurz davor aufzugehen.

Ich möchte ihr dabei zusehen. Das geht besonders gut von der Fjällgatan aus, der Straße, die hoch über Stockholm an einer Klippe entlangführt. Von hier aus genießt man einen herrlichen Blick über die Stadt. Hier halten tagsüber die Touristenbusse und spucken ihre Fahrgäste aus, damit sie Fotos schießen können. Die Wohnungen hier in der Straße hat die Stadt zu günstigen Preisen an bekannte Künstler vermietet. Dieser Ort, diese Sicht soll die Künstler inspirieren. Je schöner der Blick, desto besser die Kunst – so jedenfalls scheint man es im Stockholmer Stadtparlament zu sehen.

Der Himmel ist von einem zarten rosa Schleier überzogen. Noch liegt die Sonne in ihrem Bett, streckt und räkelt sich. Aufstehen wird sie erst in einer halben Stunde. Die Vögel aber begrüßen sie schon jetzt. Um diese Tageszeit geben sie den Ton an. Niemand ist lauter als sie. Die meisten sitzen noch müde in den Ästen, die aktiveren sind aber schon zu ersten kleinen Ausflügen unterwegs. Steigen in die Lüfte. In eine Höhe, von der aus sie noch besser über Stockholm blicken können als ich von meiner Klippe aus. Vereinzelt höre ich Geräusche von Autos. Vermutlich Taxis, die Nachteulen wie mich nach Hause bringen.

Nachteulen! Die passen so gar nicht in den schwedischen Sommer. Ende Juni wird es kaum noch dunkel. Im Norden des Landes – jenseits des Polarkreises – scheint die Sonne sogar rund um die Uhr. In der Hauptstadt darf sie zumindest für ein paar Stunden zu Bett gehen. Aber auch hier geht das Abend- fast übergangslos in ein Morgenrot über.

Jetzt erhebt er sich langsam vor mir, der riesige Feuerball. Taucht am Horizont, über den Wipfeln der Bäume, auf, als habe er die Nacht im Laubwerk verschlafen. Innerhalb weniger Minuten verändert sich die Farbe des Wassers. Wechselt von blau zu rosa zu rot. Fast gleicht das Meer unter mir einem Lavastrom. Als Nächstes wird die Altstadt in das magische Licht des Morgens getaucht, beginnen die Fenster des Schlosses zu leuchten. Was aussieht wie ein Schlossbrand, ist nur die Sonne, die einen guten Morgen wünscht. Ganz langsam steigt sie höher, erklimmt das Dach des Schlosses, dann den Turm der Storkyrka, einer der ältesten Kirchen der Stadt. Die Sonne wird nicht so bald zurücksinken in ihr wärmendes Bett. Für sie gibt es kein Zurück. Ich gehe schlafen, und die Sonne fängt ihr Tagwerk an.

Tack, tack und nochmals tack

Freundlichkeit ist bei den Schweden Pflicht

Jetzt ist es also doch passiert. Die Dame an der Kasse war definitiv unfreundlich. Hat mich nicht einmal angelächelt. Geschweige denn gefragt, ob alles recht sei. Auch bedankt hat sie sich nicht, als ich ihr das Geld gereicht habe.

Vier Wochen musste ich auf so viel Rüpelei warten. Vier Wochen, in denen ich mich schon fragte, ob die Schweden ihre Freundlichkeit vielleicht verordnet bekommen. Ich bin hier sogar Menschen begegnet, die ausgesprochen nett zu mir waren, obwohl sie es von Berufs wegen gar nicht sein dürften! Busfahrer beispielsweise: *Tack* – Danke – sagen die in Stockholm immer, wenn sie mir das Ticket reichen, und ich antworte *tack-tack,* worauf der Mann hinter dem Steuer nicht selten noch ein weiteres *tack* verlauten lässt – schließlich möchte er sich ja dafür bedanken, dass ich mich bei ihm bedankt habe.

Oder ein anderes Beispiel: »Wir müssen jetzt alle ein wenig zusammenhelfen und gemeinsam dafür sorgen, dass die draußen Stehenden auch noch im Bus Platz finden«, so hört sich das an einem regnerischen Novembertag in Stockholm an, wenn man in einem bereits überfüllten Stadtbus steht und draußen noch zwanzig klatschnasse Passagiere warten. Kein Befehl von wegen »Nach hinten durchtreten« oder »Platz machen« ist vom Fahrer zu hören. Worte, wie ich sie aus Deutschland kenne.

Selbst negative Antworten oder Absagen werden freundlich verpackt – und meist zusammen mit einer langen Erklärung geliefert. Die Schweden leben für den Konsens – und der ist ihnen selbst dann noch wichtig, wenn sie ihn eigentlich gar nicht erreichen können. Wenn der Bus so voll ist, dass wirklich kein weiterer Fahrgast mehr Platz hat. Dann erklärt der Fahrer dem draußen Stehenden das auch so. Der Durchnässte kann dann akzeptieren, dass seine Bitte abgelehnt worden ist. Und die Schwedenseele hat Ruh.

Manchmal ist die Freundlichkeit der Schweden aber auch Ausdruck von Konfliktscheu. Normalerweise wird so lange geredet, bis ein Kompromiss gefunden ist. Geht das nicht, wird nicht etwa gestritten, sondern man stimmt dem anderen irgendwann zu. Scheinbar zumindest. Der Streit ist vermieden – was aber nicht heißt, dass man die Ansicht des anderen wirklich teilt.

Dieser kulturelle Unterschied wird Geschäftsleuten aus Mitteleuropa oft zum Verhängnis. Sie sind harte Diskussionen gewöhnt, pochen gerne auf ihren Standpunkt und rücken nur selten von ihren Forderungen ab. So mancher Manager aus Deutschland ist schon zufrieden und sich die Hände reibend aus einer Verhandlung gegangen, weil er glaubte, sich gegen den schwedischen Verhandlungspartner durchgesetzt zu haben – um dann später festzustellen, dass der anvisierte Vertrag gar nicht zustande kam. Die Schweden haben ihm nur »um des lieben Friedens willen« zugestimmt.

Freundlichkeit und Bescheidenheit gehen in Schweden Hand in Hand. Deswegen machen die Schweden auch kein Tamtam um Titel. Nie wird sich ein Dr. Lundgren als Promovierter zu erkennen geben oder auf die Nennung seines Titels pochen. Vermutlich ist der Doktor nicht mal auf seiner Visitenkarte vermerkt. Denn während man in den meisten anderen Ländern danach strebt, die oder der Beste zu sein, bemühen sich die Schweden, so wenig wie möglich aus der Menge herauszuragen. Wo alle gleich sind, ist auch übertriebene Förmlichkeit fehl am Platz. In Schweden wird mit Ausnahme des Königs jeder geduzt – egal, ob Bruder, Nachbar oder Ministerpräsident.

Über vierundfünfzig Brücken musst du gehen

Stockholm ist eine Stadt am Wasser – sie liegt an der Ostsee und am Mälarsee

Die Graugänse hatten recht. Sie erzählten dem kleinen Nils Holgersson während ihrer gemeinsamen Reise durch Schweden, dass Stockholm eine Stadt sei, die auf dem Wasser schwimme. Der Flug auf dem Gänserücken bleibt uns Menschen leider verwehrt. Nicht aber der Blick aus dem kleinen Flugzeugfenster während des Anflugs auf den Stockholmer Flughafen Arlanda. Und der zeigt ganz deutlich, wovon die Statistik spricht: dass die Stadt Stockholm zu je einem Drittel aus Wasser, aus Grünflächen und aus bebautem Gebiet besteht.

Von oben würde man auch die vierzehn Inseln erkennen, auf denen Stockholm liegt. Die vierundfünfzig Brücken, die sie miteinander verbinden, könnten allerdings nur Gänse ausmachen, oder Adler mit ihren scharfen Augen. Wen wundert es, dass bei so viel Wasser kaum ein Reiseführer ohne die abgedroschene Floskel »Venedig des Nordens« auskommt? Die hat man in Stockholm lange Zeit selbst verwendet, wird ihrer jetzt aber überdrüssig. Das Selbstbewusstsein der Schweden ist gewachsen und sie haben erkannt, dass

Stockholm die Anlehnung an die Lagunenstadt in Norditalien gar nicht braucht. Denn was Schönheit betrifft, kann es Stockholm mit jeder Stadt der Welt aufnehmen – ganz ohne Vergleiche.

Die Schweden sind stolz auf ihre Hauptstadt, und diesen Stolz zeigen sie gerne und häufig. Jeden Sommer strahlt das schwedische Fernsehen Interviews mit Touristen aus, die sich – in der Regel begeistert – über die Stadt äußern. In einem der Interviews sagte ein Herr Mardsen aus England, ein junger Familienvater, er habe während der Rundfahrt im Boot durch den Stockholmer Hafen die ganze Zeit das Gefühl gehabt, in einem Nationalpark unterwegs zu sein. Er lag damit nicht falsch: Denn der Ekopark ist der erste und bisher einzige innerstädtische Nationalpark der Welt. Er wurde bereits Mitte der neunziger Jahre eröffnet.

Wasser ist in Stockholm immer und überall präsent. Die Ostsee liegt direkt vor der Haustür, und die fast dreißigtausend Schäreninseln sind ein einziger großer Freizeitpark für die Stockholmer. Im Sommer fahren sie mit dem Boot zu den Inseln hinaus, und im Winter dient das zugefrorene Meer als Wanderweg, Loipe oder Eislaufring. Wem das weite Meer nicht reicht, dem steht dann noch der Mälarsee zur Verfügung. Es ist das drittgrößte Gewässer des Landes – und an seinem Ufer liegen weite Teile der Stadt.

Ein Mietshaus für Vögel

Eric Ericsen will Amsel und Meise zu vollwertigen Mitgliedern der modernen Gesellschaft machen

Auf dem Dach des Kulturhauses am Sergels Torg stehen vier große Wohnsilos. Insgesamt siebenhundertachtundsechzig Appartements befinden sich dort. In nur wenigen Tagen hat man den Komplex im Zentrum von Stockholm hochgezogen. Das ist ziemlich schnell, und dennoch kein Wunder: Die Häuser sind nämlich nicht für Menschen, sondern für Vögel gedacht.

Ausgedacht hat sich das Projekt Eric Ericsen. Der Stockholmer Künstler will den Piepmätzen durch ein Leben im Wohnblock endlich Disziplin beibringen. »Bislang ist es doch so: Vögel fliegen einfach frei und ohne Plan herum und bauen ihre Nester, wo es ihnen gerade passt«, sagt Ericsen. Das sei »bedauernswert«, fügt er hinzu. Denn solange sich Vögel derart unangepasst verhielten, könnten sie nicht Mitglieder unserer modernen Gesellschaft werden – und glichen Menschen der Steinzeit, die sich ebenfalls dort ansiedelten, wo es ihnen beliebte.

Die Häuser, die Ericsen für die Vögel auf dem Dach des Kulturhauses gebaut hat, erinnern stark an die Blöcke, die – wenngleich weitaus größer – im Stockholmer Vorort Flemingsberg stehen. Entstanden sind diese acht- bis sechzehnstöckigen

Wohnsilos zwischen 1964 und 1974, während des »Millionenprojekts«. Dieses hatte die Regierung damals gestartet, um gegen die Wohnungsnot vorzugehen, die in Schweden herrschte. Das Ziel der Staatsoberen: Innerhalb von zehn Jahren sollten eine Million Wohnungen geschaffen werden. Und zwar vorbildliche. Der moderne Mensch, so die Devise, sollte in Hochhäusern leben, in geräumigen Zimmern mit viel Licht. Zwischen den Wohnblöcken sollte es viel Grün geben, Spielplätze sowieso – das Ganze möglichst billig und deswegen draußen auf der grünen Wiese, jedoch mit eigener S-Bahn, mit der das Stadtzentrum schnell erreicht werden konnte.

Bürgern der ehemaligen DDR dürfte das Konzept bekannt vorkommen – und sie dürften auch wissen, dass trotz aller lobenswerter An- und Vorsätze die Trabantenstädte alles andere als ein Erfolg waren. Nicht umsonst liegen viele soziale Konfliktpunkte genau dort, wo nach der Vorstellung der Städteplaner eigentlich die glücklichen Großstadtmenschen im Schatten bunt bemalter Wohnblocks spazieren gehen sollten.

Auch Ericsen sagt, mit seinem Kunstprojekt wolle er genau das kritisieren: Irgendwohin Wohnblöcke zu setzen und zu erwarten, dass sich der Mensch genau dort wohlfühle. Seine potenziellen Mieter scheinen dies genauso zu sehen: Auch nachdem der Vogelwohnblock ein paar Wochen auf dem Dach des Kulturhauses stand, war noch kein einziger gefiederter Gast eingezogen.

Stockholmer Plätze

Wo man sich zum Flirten trifft

Der Park des Königs ist für alle da

Die langhaarige Frau im engen Geschäftskostüm löffelt ihren Salat aus dem Plastikschälchen. Ihr Begleiter, der neben ihr im Anzug auf den Stufen sitzt, hat einen anderen Geschmack: Vor ihm steht eine McDonald's-Tüte auf dem Boden. Ungeöffnet. Die beiden unterhalten sich angeregt in der Mittagssonne, sind so in das gemeinsame Gespräch vertieft, dass sie die vielen Menschen um sich herum gar nicht wahrnehmen.

Im Kungsträdgården schlägt das Herz der Stadt. Hierher kommen die Menschen, um zu träumen. Um abzuschalten. Oder eben, um sich zu verlieben. Und jeder scheint an diesem Platz Zeit zu haben. Die Sommermittagspausen dauern ewig. Blonde Schönheiten zeigen ihre braunen Beine. Selbst ältere Damen und Herren tragen kurz – jeder will etwas von der Sonne abbekommen. Auch die Anzugträger. Wenngleich sie dabei schwitzen, sich allenfalls die Krawatte lockern können.

Der Kungsträdgården wirkt wie ein Magnet auf Jung und Alt. Dabei ist er ein herbes Idyll inmitten der Großstadt. Auf den ersten Blick gibt der zweihundert Meter lange und fünfzig Meter breite Platz nicht viel her: viel Beton und am Rand ein paar Imbissbuden und Restaurants – Stockholm hat weitaus schönere Plätze vorzuweisen. Aber vielleicht sind ja die Hauptstädter deswegen besonders gerne hier, weil sie einst für ihren Platz mit seinen stadtbekannten Bäumen gekämpft haben. Besonders an den großen Ulmen hängen die Stockholmer. Denn die alten, knorrigen Bäume waren die Helden im Ulmenstreit von 1971: Damals hatten die Stadtplaner vor, den Ausgang der U-Bahn genau an den Fleck zu legen, an dem die Bäume wachsen. Diese standen nun im Weg und sollten gefällt werden. Aber da hatten die Städteplaner die Rechnung ohne die Stockholmer gemacht: Die machten sich für ihre Ulmen stark und stiegen ihnen ins Geäst. Die von der Stadt bestellten Baumfäller mussten unverrichteter Dinge mit ihren Motorsägen abziehen. Auf einen langen Streit hatte die Stadtverwaltung offenbar keine Lust: Während man andernorts vielleicht die Polizei hätte aufmarschieren lassen, gab man hier einfach nach. Nach zwei Tagen war die Sache erledigt. Der U-Bahn-Ausgang wurde verlegt.

Die Geschichte des Kungsträdgårdens reicht aber viel weiter zurück. Einst war er der Park des Königs, angelegt im 14. Jahrhundert unter Erich von Pommern. Damals war es dem einfachen Volk streng verboten, den »königlichen Park« zu betreten. In dem kleinen Wäldchen wandelte der König, im Gewächshaus wuchsen seine Blumen, und außerdem ließ Seine Majestät hier Kohl für den königlichen Kochtopf anpflanzen.

Später, zu Beginn des 19. Jahrhunderts, fällte man fast alle Bäume. Licht und Luft sollten den Park durchfluten, das königliche Gewächshaus wurde zum Tanzsaal. Ein paar Jahrzehnte später fielen die Mauern, die den Park einschlossen. Jetzt durfte auch das Volk herein. Bald darauf wurden noch mehr Bäume gefällt und die Parkanlage in einen Platz umgewandelt.

Heute ist der Kungsträdgården immer noch ein Platz des Volkes. Im Sommer verwandelt er sich um die Mittagszeit in ein großes Freiluftrestaurant und am Abend in eine Partymeile. Dann kommen viele von denen, die mittags hier ihre Pause verbracht haben, zurück, um edel zu speisen und zu feiern – und vielleicht tummelt sich unter den Gästen des Parkrestaurants oder Musikpavillons auch das flirtende Kollegenpaar, das mittags auf den Treppenstufen des Kungsträdgårdens so in sein Gespräch vertieft war.

Ein Platz zum Dealen und zum Jubeln

Der Sergels Torg ist der hässlichste Platz in Stockholm – und zugleich der interessanteste

Plattan – die Platte – nennen ihn die Stockholmer. Einen netteren Kosenamen hat er auch nicht verdient, der Sergels Torg. Schwarze und weiße Bodenplatten im Dreiecksmuster sind die einzige Zierde dieses Ortes – vermutlich ein »Geniestreich« eines Architekten, der den Platz auf diese Weise auflockern wollte. Der Sergels Torg ist das Schmuddelkind unter den Plätzen der Hauptstadt. Keinen einzigen Baum hat er zu bieten, auch Sitzbänke sucht man vergebens. Wer ein Päuschen einlegen will, nimmt, wie die Punks, die sich hier regelmäßig treffen, auf einer der Treppen Platz. Oder wie die müden Shopper, die mit ihren vollen Tüten von der angrenzenden Fußgängerzone, der Drottninggatan, kommen.

Zum Sergels Torg muss man hinabsteigen. Der Platz liegt tiefer als die ihn umgebenden Straßen, als wollten diese nichts mit dem Nachbarn zu tun haben. Anders die Menschen: Denn hier, am Sergels Torg, tobt das Leben. Hier treffen diejenigen, die keine Zeit haben, auf jene, die zu viel davon haben. Die einen hasten zum Eingang der größten U-Bahn-Station Stockholms, den Aktenkoffer fest im Griff, den Kopf in Gedanken an die

Firmenbilanz gesenkt. Andere wiederum schlendern ziellos über den Platz, stehen schwatzend in kleinen Grüppchen zusammen oder starren alleine vor sich hin. Hier treffen sich auch diejenigen, denen das Leben nicht in die Karten gespielt hat: Menschen ohne Arbeit, ohne Wohnung, ohne Ziel. Aber auch Dealer, die ihre heiße Ware an den Mann bringen wollen. Früher sei es mit den Drogen schlimmer gewesen, sagen die Stockholmer. Jetzt aber habe die Polizei den Platz verstärkt im Auge, patrouilliere und kontrolliere öfter.

Der Sergels Torg hat aber auch noch andere Gesichter. Ein kämpferisches beispielsweise, denn auf ihm wird Demokratie gelebt. Wer etwas zu sagen hat, wer gehört werden und seine Meinung kundtun will, kommt hierher. Darunter hungerstreikende Afghanen, die sich gegen ihre Abschiebung wehren. Palästinenser, die Unterschriften gegen die Unterdrückung ihres Volkes sammeln. Oder eine Handvoll Kurden, die gegen die Politik der türkischen Regierung protestieren. Und Schweden, denen die Politik ihrer Regierung nicht passt. Dazu Heilsverkünder aller religiösen Richtungen, Prediger der Apokalypse oder selbst ernannte Retter der Welt – mal mit, mal ohne Gesang.

Und noch eine weitere Seite zeigt der Sergels Torg, eine freudige nämlich. Wann immer es in Schweden etwas zu feiern gibt, wird das hier getan. Wenn die Eishockey-Nationalmannschaft die Weltmeisterschaft gewinnt, die Fußballer einen wichtigen Sieg einfahren oder bei Olympischen

Spielen wichtige Medaillen errungen werden: Triumphe werden hier, auf dem Sergels Torg, gefeiert. Hier zeigen sich die Helden dem Volk. Und es ist wohl bei Plätzen nicht anders als bei Menschen: Die Schmuddelkinder sind oft die interessantesten.

Museen einmal anders

Mit Pippi in eine andere Welt

Im Junibacken haben Kinder das Kommando

Fünfzig Kinderwagen stehen vor dem Eingang zum Junibacken – und zeigen: Der Junibacken ist fest in Kinderhand. So fest, dass ein Erwachsener, der hier allein auftaucht, heftige Verwunderung auslöst. »Kommen Sie wirklich ganz allein?«, fragt mich der Kassierer leicht misstrauisch, als ich mein Ticket lösen will. Erst als ich mich als Journalist zu erkennen gebe, versteht er.

Die Welt, die ich betrete, ist eine Mischung aus Freizeitpark und Kinderparadies. Und eine Welt, in der die Figuren vieler bekannter Kinderbuchautorinnen und -autoren zum Leben erweckt werden – allen voran die Geschöpfe von Astrid Lindgren. Und so lande ich auch gleich in Vimmerby, dem Ort, in dem Astrid Lindgren geboren wurde und viele ihrer Bücher spielen. Allerdings ist Vimmerby hier, im Junibacken, auf Kinderformat geschrumpft: Die Häuser sind so winzig klein, dass kein Erwachsener darin Platz hat. Hier können die Kleinen alleine durch die Zimmer tollen und in ihre eigene Welt abtauchen. Und genau das wollte Astrid Lindgren auch mit ihren Büchern schaffen:

eine Welt für Kinder, die diese mit Michel aus Lönneberga, Ronja Räubertochter und Karlsson vom Dach teilen können.

Auch der Star unter allen Figuren Astrid Lindgrens ist da: Pippilotta Viktualia Rollgardina Pfefferminz Efraimstochter Langstrumpf. Und sie tritt sogar leibhaftig auf. Schwarz-gelb geringelte Strümpfe, ein blaues Kleid, ausgelatschte schwarze Schuhe und leuchtend rote Haare mit Zöpfen – jedes Kind weiß, wer sich hinter diesem Outfit verbirgt.

Heute hat Pippi massive Probleme mit zwei Verbrechern, die ihren Goldschatz stehlen wollen. Doch ganz im Lindgren'schen Sinne sind natürlich auch die Bösewichte nicht wirklich schlecht. Und natürlich vergreifen sie sich zum Schluss nicht an Pippis Gold – sondern werden von ihr zum Pfannkuchenessen eingeladen.

Die Frage, was denn besser sei, viel Gold zu besitzen oder mit Pippi Pfannkuchen zu essen, beantworten die kleinen Zuschauer mit lautem Applaus ganz eindeutig zu Pippis Gunsten.

Pippi Langstrumpf ist die wahrscheinlich bekannteste Schwedin. »Geboren« wurde sie 1941. Damals erzählte Astrid Lindgren ihrer Tochter erstmals die Geschichte vom selbstbewussten und klugen Mädchen Pippi. Einem Mädchen, das immerzu Schabernack im Kopf hatte und ziemlich frech war – ein sympathisches Gör, das die Erwachsenen nicht automatisch als Autorität anerkannte. Ein bisschen von Pippi steckte auch in

Astrid Lindgren – oder besser: Die Schriftstellerin war ebenso unangepasst wie ihre Heldin. Nie ließ sie sich in ein Raster zwängen. So gibt es Bilder von ihr als Siebzigjähriger, wie sie auf Bäumen herumklettert. Auf diese Bilder angesprochen, sagte Astrid Lindgren einmal: »Warum soll eine alte Frau das nicht dürfen, wenn ihr danach ist?«

Astrid Lindgrens Bücher wurden in mehr als siebzig Sprachen übersetzt. Nur Shakespeare ist in noch mehr Sprachen erhältlich. Achtzig Millionen Mal wurden ihre Bücher weltweit verkauft. Allein in Deutschland gingen zwanzig Millionen Exemplare über den Ladentisch. Astrid Lindgren schrieb jedoch nicht nur Bücher, sie engagierte sich auch sozial. Für beides – ihr Eintreten für die Rechte von Kindern und Tieren und für ihre schriftstellerische Leistung – wurde sie mehrfach ausgezeichnet. Über fünfzig Preise erhielt sie insgesamt, darunter auch den Friedenspreis des Deutschen Buchhandels und gleich drei Ehrendoktortitel. Seit 1978 trägt sogar ein Asteroid, der durchs Weltall fliegt, ihren Namen. Nur den Nobelpreis für Literatur bekam Astrid Lindgren nie. Das war sogar dem Nobelpreiskomitee selbst peinlich: Es erklärte öffentlich, zu bedauern, dass Kinderbuchautoren nun mal keinen Nobelpreis gewinnen könnten.

Dass Pippi weltweit ihre Fans hat, zeigt sich auch im Junibacken. Ein japanisches Fernsehteam filmt alles ganz genau: Pippi auf der Bühne, in Nahaufnahme und in der Totalen, die lachenden Kinder im Publikum. Und ganz hinten die Erwachsenen. Dort, wo es Stühle gibt. Ich selbst habe vorne Platz genommen. Beobachte die kleine Lena, die sich neben mir auf den Boden gesetzt hat und mir stolz – ganz Dame – ihre rot lackierten Fingernägel entgegenstreckt. Viereinhalb Jahre alt sei sie, erzählt mir Lena, und dass sie schon lesen könne.

Ihr kindlicher Redefluss versiegt sofort, als Pippi die Bühne betritt. Spannung liegt in der Luft, als zweihundertachtzig Kinderaugen fasziniert nach vorne blicken, um zu verfolgen, wie Pippi die Diebe zur Strecke bringt. Auch Lena vergisst die Welt um sich. Erst später, als sie sich von mir verabschiedet, sehe ich, dass ihr roter Nagellack heftig gelitten hat. Ganz im Bann von Pippi Langstrumpf hat Lena nervös an ihren Nägeln geknabbert.

Dancing Queen statt Waterloo

Ein Museum für die berühmteste schwedische Band aller Zeiten

Für Napoleon bedeutete Waterloo das Ende, für ABBA begann damit eine Weltkarriere. 1974 gewannen die vier Schweden mit diesem Titel den Grand Prix Eurovision – und stiegen innerhalb eines Jahrzehnts zu einer der weltweit erfolgreichsten Bands auf. Über dreihundertachtzig Millionen Schallplatten hat ABBA im Laufe der Jahre verkauft, nur die Beatles und Elvis sind noch erfolgreicher.

ABBA ist nicht irgendeine Band. Agnetha, Benny, Björn und Anni-Frid sind schwedisches Kulturgut – und als solches hätten sie schon längst ein eigenes Museum verdient. Lange hatte man ein ABBA-Museum geplant, doch die ersten Pläne scheiterten zu Beginn des neuen Jahrtausends grandios. Was von ihnen blieb, waren ein paar Millionen Kronen Schulden, die schließlich der schwedische Steuerzahler tragen musste.

Inzwischen aber hat das ABBA-Museum doch eröffnet – an anderer Stelle zwar, statt, wie ursprünglich vorgesehen, am Hafen, liegt es jetzt im Stadtteil Djurgården. Das ist praktisch, denn die prominenten Nachbarn wie das Freilichtmuseum Skansen, das Vasa-Museum oder der Freizeitpark

Gröna Lund locken zahlreiche Besucher an. Aber nicht nur deswegen zählte das ABBA-Museum bereits 2013, dem Jahr der Eröffnung, zu den Publikumsmagneten in der schwedischen Hauptstadt. Es gibt da auch tatsächlich einiges zu sehen.

Die vier ABBAs öffneten ihre Schränke und Sammlungen, stellten Schallplatten, Kostüme, Instrumente und viele weitere Erinnerungsstücke zur Verfügung. Alle goldenen Schallplatten, die die Band gewonnen hat, sind hier versammelt. Ein richtiger Hingucker sind die grellen Bühnenkostüme aus den siebziger Jahren.

Agnetha Fältskog und Anni-Frid Lyngstad haben damals in ihren knappen Shorts und Miniröcken fast die gesamte pubertierende Jungenwelt Europas betört. So mancher Vater, der durchs Museum geht, wird sich schmunzelnd an die Zeit zurückerinnern, als sein Teenagerzimmer mit ABBA-Postern tapeziert war.

Das Museum präsentiert nahezu alles, beleuchtet alle Winkel des ABBA-Lebens, in die sich ein Fan bislang nur hineinträumen konnte. Kaum eine Frage über das musikalische Kleeblatt, das sich zum Entzücken des Publikums aus zwei »echten« Pärchen zusammensetzte, bleibt unbeantwortet. Sogar die Ferienhütte der Band bauten die Museumsmacher nach, einschließlich des Originalblicks hinaus aufs Meer, eingespielt per Video. Wer mag, versucht sich im »Hologramm-Raum« als fünfter ABBA, steigt auf die Bühne und singt dort – die Technik macht's möglich – mit seinen Lieblingen

»Dancing Queen« und »Mamma Mia«. Im nachgebauten Studio nimmt der Besucher dann einen ABBA-Song seiner Wahl auf, den er sich zu Hause downloaden kann.

Eher schon zum Normalprogramm gehört, dass man Mitschnitte der größten Konzerte sehen und die zahlreichen »Bravo Ottos« bestaunen kann, eine Auszeichnung, die die Leser des deutschen Jugendmagazins der Band in den Siebzigern Jahr für Jahr aufs Neue verliehen.

Angesichts des bis heute ungebrochenen Verkaufs der CDs, Videos und Platten würde ABBA vielleicht noch immer vor ausverkauften Sälen singen, hätte dem Quartett nicht ausgerechnet das einst so werbetaugliche Liebesleben einen Strich durch die Musikrechnung gemacht. Agnetha Fältskog war mit Björn Ulvaeus verheiratet, Benny Andersson mit Anni-Frid Lyngstad. Als beide Ehen binnen eines Jahres scheiterten, ging es auch mit ABBA bergab. Die Band quälte sich noch bis Ende 1982 über gemeinsame, Harmonie vortäuschende Auftritte hinweg. Auch der Niedergang des Popquartetts wird in dem Museum nachgezeichnet. Wenngleich die Museumsmacher das Ende weniger detailversessen aufgearbeitet haben als die erfolgreichen Zeiten. Den Fans mag das recht sein. Betrauern doch viele noch heute das persönliche Waterloo ihrer Stars. Seit Anfang 2018 gibt es aber ohnehin neue Hoffnung: Um zwei neue Songs aufzunehmen sind die vier Megastars noch einmal gemeinsam ins Studio gegangen. Ein Punkt, der sicherlich auch bald im ABBA-Museum aufgearbeitet wird.

Einziger Wermutstropfen: Der Eintrittspreis des Museums ist ebenfalls von einem ABBA-Song inspiriert. Mit »Money, Money, Money«, dem Song, der den Tanz ums Geld zum Thema macht, standen die vier Schweden 1974 für vierundzwanzig Wochen an der Spitze der deutschen Charts.

Von Stockholm nach Jokkmokk in fünf Minuten

Ein Spaziergang durch das Freilichtmuseum Skansen ist wie eine kurze Reise durch Schweden

Mit seinem runden Bauch, seiner weißen Schürze und seinem wie in Mehl getauchten weißen Bart sieht Sven Söderlund aus wie ein Bäcker. In seinem Laden verkauft er *kringlor*, die schwedische Version einer Breze, sowie frisches Brot und Schmalzgebäck. Die Kunden stehen Schlange, warten sogar vor der Tür, bis im Laden Platz für sie ist. Sven Söderlund ist aber Pensionär. Er verkauft Brot und Kuchen nur aus reiner Freude. Söderlund, der viel Zeit hat, arbeitet im Stockholmer Freilichtmuseum Skansen, und seine Arbeitsstelle ist eine Bäckerei aus den siebziger Jahren des 19. Jahrhunderts. Früher hatte sie mal in der Gotlandsgatan im Stockholmer Stadtteil Södermalm gestanden. Doch wie alle übrigen Gebäude, die sich im Freilichtmuseum befinden, wurde sie irgendwann abgebaut und hierher gebracht. Heute sind im Skansen mehr als hundertfünfzig historische Gebäude aus der Zeit zwischen dem 14. und dem 20. Jahrhundert zu sehen.

Das Freilichtmuseum Skansen hat der Ethnologe Artur Hazelius 1891 gegründet. Damals zogen immer mehr Bauern in die Großstädte, um dort Arbeit zu finden. Hazelius fürchtete, dass die Bauernkultur aussterben könnte, und wollte der Nachwelt die bäuerlichen Traditionen in Form eines Museums erhalten. Er ließ alte Bauerngehöfte, die von ihren Besitzern verlassen worden waren, abbauen, nach Stockholm bringen und dort wieder errichten. Später, viele Jahre nach Hazelius' Tod, verfuhr man auch mit historischen Stadthäusern auf diese Art und Weise.

Das Ergebnis ist ein Freilichtmuseum, das sich stolz das älteste der Welt nennt. Wie in vielen anderen Fragen liegen die Schweden diesbezüglich aber im Zwist mit dem Nachbarn Norwegen. Denn auch das Norsk Folkemuseum in Oslo nimmt für sich in Anspruch, das weltälteste Freilichtmuseum zu sein. Zwar wurde das norwegische Museum erst drei Jahre nach dem Skansen eröffnet, doch stellte es eine Erweiterung der Gebäudesammlung von König Oskar II. dar – und die gab es schon seit 1881. Da Norwegen damals zu Schweden gehörte und Oskar II. König beider Länder war, konnte man sich zumindest auf eines einigen: dass das älteste Freilichtmuseum der Welt von einem Schweden gegründet wurde.

Schräg gegenüber von Sven Söderlunds Bäckerei, nur einige Meter die gepflasterte Straße hinab, liegt in einem roten Holzhaus der Kolonialwarenladen. Auch der stand einst, wie die Bäckerei, im Stadtteil Södermalm. Im 19. Jahrhundert lagen die beiden Häuser etwa einen Kilometer voneinander entfernt, heute allerdings nur einige wenige Meter. Im Kolonialwarenladen führt Els-Marie Ahlstrand Regie. Freundlich, aber bestimmt leitet sie den kleinen Laden. Wie lange der Kunde die Tür geöffnet halten darf oder ob er die ausgestellten Konserven, Gewürzpäckchen oder Bürsten berühren darf, bestimmt allein die kleine grauhaarige Frau. Früher konnten viele Kunden weder lesen noch schreiben – an einem vor dem Eingang aufgehängten Schild, das eine Bürste zeigt, konnten auch sie einen Krämerladen erkennen. In dem konnte man damals auch Tabak kaufen. Heute ist das natürlich undenkbar: Im vorbildhaften Schweden würde keine Museumsleitung den Besuchern gesundheitsschädliche Ware verkaufen.

Els-Marie Ahlstrand ist bereits weit in den Sechzigern. Sie gehört fast schon zum Inventar des Freilichtmuseums, arbeitet seit mehr als zwanzig Jahren hier. Der Krämerladen ist gut geheizt, und so findet sie ihren Job auch im Winter äußerst angenehm. Mancher ihrer Kollegen hat da weniger Glück: Viele der alten Häuser im Skansen sind ungeheizt und – so wie es früher eben war – empfindlich kalt. Das war egal, solange noch in Trachten gesteckte Puppen in den Häuser »arbeiteten«. Doch inzwischen nehmen im Skansen Menschen aus Fleisch und Blut diese Rollen des Bäckers oder der Besitzerin des Krämerladens ein. Denn nur sie können die vielen Fragen neugieriger Touristen auch beantworten. Oft arbeiten Studentinnen und Studenten im Skansen, die sich mit diesem Job ihr

Studium finanzieren. Oder eben Rentnerinnen und Rentner, wie Sven Söderlund und Els-Marie Ahlstrand.

Die Angestellten des Skansen kommen aus Stockholm. Mit einer Ausnahme: dem Ausstellungsbereich, der die Kultur der Sami präsentiert. Wer hier arbeitet, muss selbst zu diesem Volk gehören, so wie Lis-Mari Hjortfors. Sie kommt aus der Gegend von Jokkmokk, der wichtigsten Stadt Schwedisch-Lapplands, und gehört dem Volk der Nordsamen an. Als Ethnologin hilft sie mit, in Stockholm eine Ausstellung über ihr Volk aufzubauen. Ihre Kohte – so wird die zeltartige Hütte genannt – nennt sie lachend »die Botschaft der Sami in Stockholm«. Sie begrüßt die Besucher in Tracht und betont: »Anders als bei den anderen Leuten, die hier arbeiten, gehört die Tracht mir selbst. Wir tragen sie nicht für Touristen, sondern sie ist unsere normale Kleidung an wichtigen Festtagen.« Rund zwanzigtausend Sami leben in Schweden, und doch wüssten ihre schwedischen Landsleute nur wenig von deren Leben und Kultur, bedauert Lis-Mari Hjortfors. Das zu ändern, sei einer der Gründe, warum sie nach Stockholm gekommen sei.

Zum Thema Festtage kann auch Aviva Cohen-Silber einiges erzählen. Die adrette ältere Dame führt regelmäßig Touristen durch das Freilichtmuseum: »Weihnachten, Mittsommer, das Luciafest und der Nationalfeiertag werden im Skansen groß gefeiert.« Und jeden Dienstagabend im Sommer steht ein *Allsång*-Tag auf dem Programm: Dann singen mehrere tausend Stockholmer vor der großen Bühne im Skansenpark gemeinsam Volkslieder oder Schlager. Aber auch private Feste werden im Skansen gefeiert: Die Seglora-Kirche, 1730 in Östergötland erbaut, ist die beliebteste Hochzeitskirche der Stadt. Wie in alten Zeiten steht vor dem Kirchhof ein großer Schandpfahl mit Halsketten und Fußfesseln – dies irgendwie in Zusammenhang mit den Eheschließungen zu bringen, wäre sicherlich zu weit hergeholt.

Adeliger Pinselstrich

Der schwedische Prinz Eugen hat sich mit Waldemarsudde sein Malerparadies geschaffen – heute ist seine ehemalige Villa eines der schönsten Museen Stockholms

Es riecht nach Flieder in Waldemarsudde. Süßlich, intensiv, nach einem Sommer, der bald kommen wird. Die Amseln singen ihre Lieder. Laut, so als hinge ihr Leben davon ab. Ein Entenpaar schwimmt im Wasser. Quakend. Im Schlepptau vier Küken. So klein, nicht einmal eine Handvoll, dass sie allenfalls ein paar Tage alt sein können. Neu auf dieser Welt. Gänseblümchen recken ihre weißen Köpfe neugierig aus dem Gras. Von Gärtnerhand in Linie gebracht, die roten Tulpen. Rentnerinnen sind unterwegs. Paarweise meist. Ältere Damen, die ihre Männer überlebt haben. Den Enten haben sie Brotkrümel mitgebracht. Für Kunst hat man jetzt Zeit, im Alter. Die Damen sind auf dem Weg ins Museum.

Waldemarsudde ist seit 1948 ein Museum. So hatte es der Mann verfügt, der bis zu seinem Tod, ein Jahr davor, darin gewohnt hat. Prinz Eugen, der jüngste Sohn des schwedischen Königs Oskar II., hatte den Bau der Villa bei dem damals berühmtesten schwedischen Architekten in Auftrag gegeben – Ferdinand Boberg. Das war im Jahr 1905.

Mit Waldemarsudde hat sich Eugen ein Versteck geschaffen, einen Palast abseits des Repräsentierens, abseits des Hofprotokolls und abseits der Großstadt. Dabei liegt die luxuriöse Einsiedelei des Prinzen nur wenige Kilometer Luftlinie und allenfalls zwanzig Minuten mit dem Automobil vom königlichen Schloss entfernt. Eugen war zwar als Prinz eingebunden in Pflichten und Aufgaben des Königshauses, aber er war auch Künstler. Und zwar ein richtiger. Anders als viele dilettierende Adelige und reiche Bürger seiner Zeit, die zum Zeitvertreib hier und da ein Gedicht schrieben, Hausmusik machten oder mit ungelenker Hand ein Bild malten, war Eugen ein Profi. Er hatte eine künstlerische Ausbildung an der Universität Uppsala hinter sich, war Schüler von Wilhelm von Gegerfelt, dem damals bedeutendsten Landschaftsmaler Schwedens, und er verbrachte, wie damals fast alle bekannten Maler des Nordens, mehrere Jahre in Paris, um sich dort von den Giganten der Malkunst inspirieren zu lassen. Wichtiger noch – Eugen hatte Talent, und zwar sehr viel davon. Aber er hatte auch Eltern, die von Beruf König und Königin waren. Die sahen es zwar gern, dass der Sprössling auf schöngeistige Bildung Wert legte, aber musste er deswegen gleich den Künstlerberuf ergreifen? Das war für einen potenziellen Thronerben dann doch nicht standesgemäß genug. Doch wie es bei normalen Familien ist, so war es auch bei Königs – wenn das Kind nur lange genug quengelt, bekommt es seinen Willen. So durfte Eugen schließlich den Künstlerberuf ergreifen. Und das tat er nicht nur pro forma. Im Laufe seines Lebens schuf er über dreitausend Skizzen und Gemälde, darunter einige Monumentalwerke. Das Altargemälde in der Kirche der nordschwedischen Bergbaustadt Kiruna ist von ihm, auch die riesigen Fresken im Stockholmer Rathaus. In Schweden kennt man Eugen als den »Malerprinz« und zählt ihn zu den besten Landschaftsmalern des Landes. Dass der Künstlerruhm Eugens auf sein Heimatland beschränk ist, hat mit seiner Rolle als Prinz zu tun. Als Königssohn durfte er keines seiner Bilder ins Ausland verkaufen und musste ein ums andere Mal entsprechende Anfragen ausländischer Museen und Galerien abschlägig beantworten.

Der Prinz hatte aber noch eine zweite Leidenschaft – die Gartenarbeit. »Gleich nach der Kunst sind Blumen meine größte Freude«, schrieb er kurz nach seinem Einzug in Waldemarsudde an einen Freund. Eugen machte sich gern die Hände schmutzig im eigenen Garten und deswegen hat er das Gelände rund um das Haus auch selbst angelegt. »Sobald ich Zeit habe, bin ich draußen am Pusseln, jäte, genieße. Hier will ich Blumen züchten, ein ganzes Meer von Blumen …«, so Prinz Eugen weiter.

Die Handschrift des Prinzen erkennt man noch heute in Waldemarsudde. Drinnen ohnehin, denn da sind seine Werke ausgestellt. Und die der bedeutendsten nordischen Maler seiner Zeit, denn Eugen war auch Sammler, Bilder, die ihm gefielen, hat er gekauft. Deswegen hängen Gemälde von Carl Larsson und Edvard Munch an den Wänden in Waldemarsudde.

Aber auch draußen im Garten ist der Prinz noch immer präsent. Dort blühen die Blumen, üppig und farbenfroh wie damals, als er auf der Terrasse von Waldemarsudde saß, aufs Meer hinausblickte und immer und immer wieder die Aussicht, die sich ihm von dort bot, in pastellenen Farben auf die Leinwand bannte.

Trinken, Essen, Wohnen

Eisgekühlte Drinks

In der »Icebar Stockholm« werden die Drinks »in the rocks« serviert

An Jakob Jonas' Arbeitsplatz herrscht ein eisiges Klima. Während das sommerliche Stockholm schwitzt, steht der junge Schwede mit einer Fellmütze auf dem Kopf und in eine Daunenjacke gepackt hinter dem Tresen. Jakob Jonas arbeitet als Barmann in der » Icebar Stockholm« – und in der zeigt das Thermometer immer minus fünf Grad, auch im Juni. Kein Wunder, die Bar besteht nur aus Eis – genauer gesagt aus Eisplatten, die zusammen über zwanzig Tonnen wiegen.

Einer von Jonas' Gästen ist Rashid. Er kommt aus Mumbai. Mit zwölf weiteren Indern reist er durch Europa, und nach Königsschloss und Vasa-Museum steht jetzt der dritte Höhepunkt der Stockholm-Tour auf dem Programm: Die »Icebar Stockholm«. Rashid ist aufgeregt: »I have never seen snow before«, erzählt der junge Mann in seinem melodischen, indisch-englischen Singsang. Auf Schnee wird er auch in der Icebar nicht stoßen, dafür aber auf jede Menge Eis und Kälte. Für Rashid macht das keinen Unterschied. Eis oder Schnee, beides findet er gleichermaßen exotisch.

Die Idee, eine Bar aus Eis inmitten der Hauptstadt zu eröffnen, hatten die Besitzer des Eishotels in Jukkasjärvi. Dort, im Norden von Schweden, wird jeden Winter ein Eishotel erbaut – samt Bar. Seit Jahren kommen Gäste aus aller Welt und greifen tief in die Tasche, um einmal in eisigen Temperaturen zu übernachten. Der Nachteil des Baus in Jukkasjärvi: In der Frühjahrssonne schmilzt er regelmäßig dahin. Doch die Bar in Stockholm hält dank des Kühlsystems auch der Sommerhitze stand.

Die Betreiber der Icebar bezeichnen ihre Bar ganz unbescheiden als die mit dem höchsten Umsatz in Stockholm – pro Quadratmeter Fläche. Als sie die Bar vor zehn Jahren eröffneten, war sie zunächst nur als PR-Gag für das Hotel gedacht, in dessen Erdgeschoss sie sich befindet. Die Idee erwies sich aber als so erfolgreich, dass man das Konzept gleich exportierte: Inzwischen können hartgesottene Gäste in Kopenhagen, New York, London, Mailand und selbst in Tokio und Shanghai nach schwedischem Vorbild bei Minustemperaturen Drinks schlürfen.

Die Drinks werden in viereckigen Gläsern aus Eis serviert – »on the rocks« muss man hier bei Jonas nicht extra bestellen. Das Eis für die Gläser kommt wie das für die gesamte Bar aus Lappland. In großen Kühlwagen werden Eisplatten vom Fluss Torneälv bis nach Stockholm gekarrt.

Zwar wird es auch in der Hauptstadt im Winter bitterkalt. Doch Eis von der nötigen Dicke für eine Bar gibt es nur in Nordschweden. Außerdem ist das Wasser von dort oben eben doch viel sauberer als das aus dem Stockholmer Mälarsee, sagt Jakob Jonas. Und: Es gehört zum Konzept der Bar, Eis aus Lappland zu verwenden. Lappland ist das Land des Winters, und dieses Gefühl soll mittransportiert werden. Deswegen bekommen selbst die Eisbars in Tokio und Shanghai ihr Eis direkt vom Torneälv.

Weil in die Mega-Gefriertruhe nur etwa vierzig Gäste passen, darf sich während der Rushhour kein Gast länger als eine dreiviertel Stunde in der Bar amüsieren. Länger wollen die meisten wegen der Kälte aber ohnehin nicht bleiben – trotz des Umhangs und der Handschuhe, die jedem Gast am Eingang gereicht werden. Jakob Jonas selbst macht seine Vier-Stunden-Schicht in eisiger Kälte nichts aus. Als Schwede ist er solche Temperaturen gewöhnt. Allerdings achtet er darauf, immer trockene Handschuhe zu tragen: »Dann ist die Kälte kein Problem«, sagt der Barkeeper. Zumal diese einen durchaus angenehmen Nebeneffekt habe, sagt Jonas und grinst: Im Gegensatz zu seinen Kollegen in anderen Bars hat er nie Probleme mit Betrunkenen. In der Icebar siegt die Kälte über den Rausch.

Rashid nippt inzwischen an seinem zweiten Drink, und trotz der Handschuhe zittern seine Hände mächtig. Wie er kommen die meisten Gäste aus wärmeren Gefilden – und sind entsprechend kälteempfindlich. Rashid lächelt dennoch tapfer in die Kamera. Denn ein Selfie im Eis ist für die meisten Gäste der »Icebar Stockholm« das Wichtigste. Einmal musste sich Jonas mit zweihundert Mexikanern hinter dem Tresen ablichten lassen; jeder wollte einzeln mit dem Barkeeper fotografiert werden. Ein anderes Mal warteten sogar zweitausend Kreuzfahrtgäste aus den USA stundenlang geduldig vor der Bar – nur um ein Souvenirfoto, auf dem sie zusammen mit Jonas abgebildet sind, mit nach Hause nehmen zu können.

Von den Schweden hingegen kennt kaum einer die Icebar in ihrer Hauptstadt. »Einheimische sieht man hier selten«, sagt Jonas. Das wundert ihn nicht: »Bei uns ist es die meisten Monate im Jahr so kalt, da wollen wir nicht auch noch in der Kneipe frieren.«

Speisen wie Einstein, Böll und Grass

Das Edelrestaurant »Stadshuskällaren« serviert seinen Gästen die Menüs der Nobelpreisdinner

Für Nobelpreisträger gibt es nur das Beste. Und so werden sie auch nach der Übergabe des Preises kulinarisch verwöhnt. Schon im September, also viele Wochen vor der Nobelpreisverleihung, beginnen die Köche des Edelrestaurants »Stadshuskällaren« in Stockholm, das Dinner für den Abend des 10. Dezembers zu planen. Was den Preisträgern und rund tausenddreihundert Ehrengästen aufgetischt wird, hat zuvor das Nobelpreiskomitee bestimmt. Die Herren, die dem auserlesenen Komitee angehören, prüfen dabei die vorgeschlagene Speisenfolge. Dabei machen sie es sich mit der Auswahl so schwer wie irgend möglich: Sie müssen nämlich die unterschiedlichen Menüs zur Probe essen – und je länger sie sich nicht einig werden, desto öfter dürfen sie im exklusiven »Stadshuskällaren« speisen.

Bei der Menüauswahl entscheiden oftmals Kleinigkeiten. Mal liegt das Salatblatt schief drapiert in der Schüssel, mal hat der Koch die Beilage auf dem Teller ungünstig platziert – und schon wird das Gericht als nicht würdig erachtet, im Magen des Nobelpreisträgers zu landen. Ähnlich lang dauere es, bis sich die Mitglieder des Nobelpreiskomitees – und das sind ausgesprochene Kenner edler Tropfen – auf die endgültige Weinauswahl für den exklusiven Abend einigten, erzählt Maria Backelin, die Verkaufschefin des »Stadshuskällaren«. Hier verbietet der Anstand des Autors allerdings weiteres Nachfragen.

Kompliziert wie die Auswahl der Speisen und Getränke ist die der Mitarbeiter des denkwürdigen Abends. Denn der erfordert eine logistische Meisterleistung. Die Angestellten des »Stadshuskällaren« allein würden es niemals schaffen, die zahlreichen Ehrengäste zu bekochen und zu bedienen – die Speisen aus der Küche, die im Stockwerk über dem Festsaal liegt, müssen so serviert werden, dass alle Gäste gleichzeitig mit dem Essen beginnen können.

Und schon einen Tag vor dem Dinner sind allein zwanzig Personen acht Stunden lang damit beschäftigt, die Tische zu decken und zu schmücken. Die Blumengestecke werden übrigens aus Italien eingeflogen. Stifter ist der Bürgermeister von San Remo. Der Grund: Alfred Nobel hatte ab 1891 jeden Winter in dieser Stadt an der Riviera verbracht und ist dort am 10. Dezember 1896 auch gestorben.

Sämtliche Köche sowie das Küchen- und Servierpersonal aller Stockholmer Spitzenrestaurants empfinden es als eine große Ehre, dazu beizutragen, dass das Nobelpreisdinner gelingt. »Der 10. Dezember ist ein heiliger Tag fürs Personal; es ist wie kleine Olympische Spiele«, sagt Maria Backelin. Und an denen nehmen unter anderen über dreihundert Bedienungen und Ober, dreißig Köche und fünfundzwanzig Spüler teil – sowie fünf Männer und Frauen, die ausschließlich damit beschäftigt sind, Weinflaschen zu öffnen.

Hoher Wert wird bei der Auswahl der Mitarbeiter neben der Qualifikation auf die Sicherheit gelegt. SÄPO, der schwedische Verfassungsschutz, prüft das Personal in spe auf Herz und Nieren, um eventuelle Vergiftungsattacken auszuschließen. Kein Wunder: Zu den Gästen zählen nicht nur Mitglieder des schwedischen Königshauses, sondern auch der Regierungschef und seine Minister. Dass es gelingt, eine Waffe in den Festsaal zu schmuggeln, ist angesichts der hohen Sicherheitsvorkehrungen eher unwahrscheinlich – anders als im Krimi der Schriftstellerin Liza Marklund, die in »Nobels Testament« einen Mordversuch während eines Nobelpreisdinners beschreibt.

Unter den Gästen finden sich nicht nur hochgestellte Persönlichkeiten, sondern auch zweihundert Studenten schwedischer Universitäten. Sie müssen zwar ganz hinten beziehungsweise weit an der Seite des Saales sitzen, dürfen aber dennoch sehr stolz sein: Ihre Teilnahme soll nämlich zeigen, dass Nobel mit seinem Preis immer auch aufstrebende Wissenschaftler motivieren wollte. Nicht unwichtig ist aber auch der zweite Grund, weswegen die Studenten eine Einladung erhalten haben: Sie werden als Animateure gebraucht. Nach dem Dinner soll getanzt werden, und damit täten sich, so Maria Backelin, viele der hochrangigen Gäste »ganz schön schwer«.

Trotz ihrer Aufgabe als Vortänzer müssen die Studenten, die per Losverfahren bestimmt werden, genau wie die meisten anderen eingeladenen Gäste für ihre Teilnahme zahlen. Umgerechnet etwa hundertfünfzig Euro kostet es, im Kreise der Preisträger zu speisen. Vom Nobelpreiskomitee eingeladen sind nur die Preisträger und deren Gäste. Angeblich bezahlen sogar der König und die Königin für ihr Essen.

Speisen wie ein Nobelpreisträger kann im »Stadshuskällaren« übrigens jeder. Vorausgesetzt, man ist bereit, umgerechnet etwa hundertfünfundachtzig Euro auf einen der wuchtigen Holztische des Restaurants zu blättern. Das Menü des aktuellen Jahres wird dort kurzfristig, innerhalb von vierundzwanzig Stunden, für Gäste zusammengestellt. Wer allerdings ein Nobelpreisdinner aus weiter zurückliegenden Jahren probieren will, muss länger im Voraus buchen – und mit einer kleinen Gesellschaft von mindestens acht Personen antreten.

Und genau das machen japanische Touristen besonders gerne. Für sie gehört ein Nobelpreisdinner zu einer gelungenen Europatour. Der Abstecher zum Essen nach Stockholm zählt bei vielen japanischen Reiseunternehmen daher zum Standardprogramm. Allerdings trifft nicht jedes Nobelpreismenü den Geschmack der asiatischen Gäste. Am besten kommt hier das Dinner von 1994 an, das bislang schon rund achtundzwanzigtausendmal verkauft worden ist. Das verwundert nicht, denn damals gewann der Japaner Kenzaburō Ōe den Literaturnobelpreis – und verzehrte im Rauch eine Roulade von geräucherter Entenbrust mit Mango und Mangold, Kalbsfilet mit Salbei und – zum Nachtisch – Erdbeersorbet.

Hin und wieder melden sich auch amerikanische Reisegruppen im »Stadshuskällaren« zum Nobelpreisdinner an. Deren Essenswunsch wisse man meist schon vorab, sagt Maria Backelin: Das Einstein-Dinner von 1921. Dass es damals Lammrücken und keine Hamburger gab, scheint dabei für die Gäste aus Übersee keine Rolle zu spielen. Deutsche Touristen sind selten unter den Gästen des »Stadshuskällaren«. Bestenfalls vierzig Deutsche ordern übers Jahr verteilt das exklusive Mahl – dann aber gerne die Lammkeule, die Heinrich Böll 1972 vorgesetzt bekam, oder das Lammfilet, das Günter Grass 1999 verzehrte.

Den Schweden sind beim Nobelpreisdinner die Berühmtheiten eher egal. Wie meist, lassen sie sich auch hier von großen Namen nicht beeindrucken. Sie bestellen die Dinner nach den eigenen Festtagen und ordern das Festmahl, das in ihrem Geburts- oder Hochzeitsjahr serviert worden ist – ganz egal, wer damals geehrt wurde.

Asiatisches Lächeln im Strand Hotel

Cristina Granath sorgt für saubere Zimmer – und hat auch schon ein Leben gerettet

Dankbarkeit kann Cristina Granath in ihrem Beruf nicht erwarten. Dass alles perfekt ist, wird als selbstverständlich vorausgesetzt. Denn Cristina Granath ist Chefin des »House Keeping« im Strand Hotel in Stockholm. Das heißt: Sie ist dafür verantwortlich, dass die Betttücher straff gezogen, die Handtücher blütenweiß und die Schreibtische auf Hochglanz poliert sind. Und zwar in jedem der hundertzweiundfünfzig Zimmer.

Das Strand Hotel ist eines der luxuriösesten und traditionsreichsten Häuser der Stadt. Es wurde anlässlich der Olympischen Spiele 1912 erbaut und ist seitdem Anlaufstelle für die Reichen und Schönen – oder die, die sich dafür halten. Gut allein ist hier nicht gut genug: Die Plakette mit den fünf Sternen am Eingang wird nicht grundlos vergeben.

Cristina Granath ist auf den Philippinen geboren. Sie trägt einen fast schwedischen Vornamen, und würde das »h« in ihrem Namen nicht fehlen, hieße sie wie eine berühmte Königin, die im 17. Jahrhundert das Land regierte. Anders als die historische Christina, die abdankte und Schweden verließ, zog Cristina Granath nach Schweden – der

Liebe wegen. In ihrer Heimat hatte sie sich in der Universitätsbibliothek in ihren heutigen Mann, einen Schweden, verliebt. Er hatte auf der anderen Seite des Bücherregals gestanden und war erstaunt gewesen über die ungewöhnliche Größe dieser Asiatin, bis Cristina Granath ihm über die Bücher hinweg zulächelte – und vom Hocker stieg.

Das war vor mehr als zwanzig Jahren. Als die ausgebildete Englischlehrerin damals nach Stockholm kam, musste sie feststellen, dass ihr Studium in Schweden nicht anerkannt wurde. Zu Hause zu bleiben war aber ihre Sache nicht. Und so nahm Cristina Granath den ersten Job an, der ihr angeboten wurde: Putzhilfe in einem Hotel. Böden wischen, Armaturen putzen und Betten überziehen – das waren jetzt ihre Aufgaben. Doch nicht lange: Die kleine Philippinin stieg schnell auf. Nach drei Monaten wurde sie zur Chefin der Putzkolonne ernannt, in der sie noch selbst mitgeschrubbt hatte. Die Kittelschürze wanderte in die Kiste, und mehrere Businesskostüme in ihren Schrank. Cristina Granath erklärt sich ihren Erfolg selbst so: »Mein Chef hat wohl gesehen, dass ich gut mit Menschen umgehen kann.«

Putzjobs werden in Schweden schon lange nicht mehr von Einheimischen übernommen. Wer Schwedisch spricht, bekommt leicht besser bezahlte und auch höher angesehene Arbeiten. Das war schon damals so, als Cristina Granath zu arbeiten anfing, und daran hat sich bis heute auch nichts geändert. Deshalb sind es vor allem Einwanderer und Ausländer, die für die Sauberkeit in schwedischen Hotels zuständig sind. Im Strand Hotel beispielsweise kommt das Personal überwiegend aus der Mongolei. Keine der Frauen spricht Englisch, von Schwedisch ganz zu schweigen. Hände und Füße sind deswegen die wichtigsten Verständigungsmittel, die Cristina Granath und ihrem Team zur Verfügung stehen. Und das Lachen. Diese Sprache versteht man weltweit – und Cristina Granath beherrscht sie besonders gut.

Siebzehn Zimmer. Das ist im Strand Hotel das Tagespensum, das ein Zimmermädchen zu leisten hat. Suiten zählen doppelt. Und: Selbst wenn der Gast die Nacht ganz offensichtlich außerhalb des Zimmers verbracht hat, wird gründlich geschrubbt und geputzt. Alles muss perfekt sein. Wie »perfekt« zu definieren ist, bestimmt Cristina Granath. Sie ist für die Endabnahme der Zimmer verantwortlich und weiß genau, worauf sie achten muss. Fingerabdrücke auf der Duschverkleidung zählen zu den lässlichen Sünden; diese beseitigt sie selbst. Weitaus strenger ist sie, wenn sie Schmutz auf dem Tisch oder einen Brandfleck im Teppich entdeckt: Dann muss das Personal nochmals anrücken. »Aufpassen muss man auch mit den Bettritzen«, sagt sie, »Da kann man schon hin und wieder mal ein Kondom finden.«

Oft stößt das Reinigungsteam um Cristina Granath aber auch auf Dinge, die nicht absichtlich zurückgelassen wurden. Für solche Fundgegenstände gibt es eigens einen Raum im Keller – und da liegen der vergessene Waschbeutel, die getragene Unterhose, die teure Uhr und der Ehering dann einträchtig nebeneinander im Regal. Weggeworfen wird nichts, ungefragt nachgeschickt aber auch nicht. »Das verbietet die Diskretion«, sagt Cristina Granath mit Nachdruck: Man wisse ja nie, wer mit wem hier übernachtet hat. Welche Folgen zu viel Hilfsbereitschaft haben kann, hat Cristina Granath selbst erfahren: Vor vielen Jahren logierte ein Amerikaner im Hotel; er schien mit seiner Ehefrau unterwegs zu sein, die einen teuren Ehering im Zimmer hinterließ. Um sie über den Fund ihres Schmuckstücks zu informieren, rief Cristina Granath im Hause des Gastes in den Vereinigten Staaten an – um sehr rasch zu merken, dass die Frau am anderen Ende der Leitung weder je in Stockholm gewesen war, noch ihren Ehering vermisste. Anfängerfehler wie diese passieren Cristina Granath schon lange nicht mehr.

Gut zwanzig Jahre lebt sie inzwischen in Schweden. Heimweh hat sie aber immer noch. Besonders im Winter, wenn die Tage kürzer und die meisten Schweden depressiv werden. An Weihnachten aber muss auch die ansonsten immer gut gelaunte Philippinin oft weinen. Dann fühlt sie sich einsam und vermisst ihre Familie. »Hier in Schweden feiert jeder in seinen eigenen vier Wänden«, bedauert sie. Anders der Heilige Abend auf den Philippinen: »Da laufen alle durch die Straßen und jeder umarmt jeden.«

Dennoch kann Cristina Granath Schweden sehr

viel Positives abgewinnen. Vier Jahreszeiten, erzählt sie und strahlt, kenne man bei ihr zu Hause nicht. Auch was die Lebensweise angeht, ist Cristina Granath inzwischen ganz Schwedin: tolerant und weltoffen. Viel zu konservativ und eng sei ihr die Heimat inzwischen. Dass Unverheiratete zusammenlebten, sei dort undenkbar. Selbst mit Trauschein sei man strengen Regeln unterworfen – meist denen der Schwiegermutter, sagt Cristina Granath und grinst. Wenn sie ihre Familie in Manila besuche, dürfe ihr Mann »bis heute nicht im Unterhemd durch die Wohnung laufen«.

Ebenso lang wie Cristina Granath in Schweden wohnt, arbeitet sie auch im Hotel. Und ebenso sehr, wie sie an Stockholm hängt, liebt sie ihren Beruf.

»Jeden Tag erwartet mich Neues!«, sagt sie. Manchmal allerdings auch Heftiges: Einmal hatte einer ihrer Gäste versucht, sich mit Tabletten das Leben zu nehmen. Als die Zimmermädchen das Zimmer wegen des »Bitte nicht stören«-Schilds an der Tür auch am späten Abend noch nicht putzen konnten, wurde sie alarmiert. Doch niemand reagierte auf ihr Klopfen, und so zog sie den Generalschlüssel aus der Tasche und trat ins Zimmer. Der Mann, der auf dem Bett lag, hatte eine Überdosis Schlaftabletten geschluckt. Cristina Granath verständigte sofort den Notarzt – und der Mann überlebte. Wochen später schrieb er Cristina Granath einen Brief. Darin beschwerte er sich, von ihr gerettet worden zu sein. Schließlich habe er das Zimmer bezahlt, und hätte darin machen können, was er wolle.

Wie gesagt: Dankbarkeit kann Cristina Granath in ihrem Beruf nicht erwarten.

Königliches Stockholm

Die Königin der schwedischen Herzen

Wie eine Deutsche zur beliebtesten Schwedin wurde

Die Deutschen sind in Schweden nicht allzu beliebt. Sie gelten vielen als arrogant, unhöflich und laut. Trotzdem ist eine Deutsche im Drei-Kronen-Reich populärer als alle Schweden: Silvia Renate Sommerlath.

Die Tochter eines deutschen Industriellen kam 1943 in Heidelberg zur Welt, hat aber bislang mehr als die Hälfte ihres Lebens in Schweden verbracht – dort lebt sie seit 1976. Die attraktive Brünette engagiert sich für soziale Belange, setzt sich für Kinder in der Dritten Welt und geistig behinderte Menschen ein, hat unzählige Stiftungen gegründet und ist Schirmherrin von über sechzig wohltätigen Organisationen. Mehrfach schon wurde sie für ihr Engagement ausgezeichnet.

Vor allem aber ist sie mit dem schwedischen König verheiratet.

Allerdings ist die Geschichte von Königin Silvia und König Carl XVI. Gustaf schon deswegen schnell erzählt, weil das Paar sehr auf seine Privatsphäre achtet – und der Öffentlichkeit bislang auch keine Skandale lieferte. Kennengelernt haben sich die beiden 1972, als Silvia Renate Sommerlath als Hostess bei den Olympischen Spielen in München arbeitete und für die Betreuung der Staatsgäste zuständig war. Das machte sie im Falle des schwedischen Königs offenbar so gut, dass der sich vom Fleck weg in sie verliebte. Es habe sofort »klick« gemacht, erzählte Carl Gustaf später einmal.

Geheiratet hat das Liebespaar trotzdem erst vier Jahre nach dem ersten Blickkontakt, und anfänglich hat es seine Liebe sogar versteckt. Schuld an der Heimlichtuerei war das schwedische Thronfolgegesetz. Das besagte nämlich, dass ein Kronprinz, der eine Bürgerliche ehelicht, auf den Thron verzichten muss – nicht so aber ein König. Deswegen musste Carl Gustaf, damals noch Kronprinz, erst zum König gekrönt werden, bevor seine Liebe zu der deutschen Bürgerlichen publik werden durfte.

Nach der Hochzeit flogen Silvia Sommerlath die Herzen der meisten Schweden zu. Die heimische Presse jubelte und lobte den König, er habe mit der Heirat die beste Entscheidung seines Lebens getroffen. Einige blieben dennoch skeptisch, war Silvia doch eine Deutsche und zudem ein paar Jahre älter als ihr Gemahl. Beides war für so manchen traditionsbewussten Königstreuen im Land doch erst mal starker Tobak – ungeachtet aller schwedischer Toleranz. Doch auch die Kritiker zeigten sich von der neuen Königin schnell begeistert. Ihr soziales Engagement überzeugte alle Zweifler. Vor allem aber war es ihr Wesen, womit sie selbst Skeptiker für sich gewann – und das ist alles andere als arrogant, unhöflich und laut.

Nochmals Pluspunkte sammelte Silvia dann 2010. Damals veröffentlichte der Journalist Thomas Sjöberg das Buch »Carl XVI. Gustaf – Der widerwillige Monarch«, in dem er den König beschuldigte in Stripclubs und Bordellen mit Prostituierten und Popsternchen wilde Partys gefeiert zu haben. Sogar ein Name wurde genannt: Die ehemaligen Popsängerin Camilla Henemark soll eine der königlichen Gespielinnen gewesen sein. Vermutlich hätte man den Skandal trotzdem schnell vergessen. Dann aber meldete sich Carl Gustaf selbst zu Wort und schaffte es, sich in einem Interview so ungeschickt auszudrücken, dass hinterher die meisten Schweden den eigentlich sehr dünnen Indizien des Journalisten glaubten. Camilla Henemark, sah nun die Stunde der schnellen Krone gekommen – allerdings nicht der auf dem Kopf, sondern der in der Börse – und veröffentlichte 2012 ihrerseits ein Buch. Darin erzählte sie zwar nur von Kissenschlachten mit dem König. Doch immerhin deutete sie so viel an, dass man nur schwer glauben konnte, dass der Monarch danach zurück ins heimische Bett schlüpfte.

Silvia gab in dieser Situation aber nicht den Racheengel, sondern zog ihre royalen Verpflichtungen weiterhin mit Bravour durch. Das kam gut an bei den Schweden, die es mögen, wenn auch im Schloss ganz normale Menschen sitzen und die Königin in schweren Zeiten ihre Pflichten ebenso erfüllt, wie man es selbst in einer ähnlichen auch tun würde.

Zu Besuch bei Königs

Der schönste Weg nach Drottningholm ist der mit dem Schiff

Die Schlange vor der »MS Enköping« ist lang. Kein Wunder: Die Junisonne scheint, es ist warm und alle fahren hinaus nach Drottningholm. Spanier, Italiener, Holländer sind darunter, und auffällig viele Japaner und Deutsche. Auch einige Schweden wollen mit dem alten Dampfschiff ihren König Carl Gustaf und Königin Silvia besuchen. Dass die Reisenden das Königspaar sehen werden, ist allerdings mehr als zweifelhaft. Dabei ist Drottningholm sogar der offizielle Wohnsitz Ihrer Majestäten.

Es dauert nicht lange, und alle sind an Bord. Dort wird es eng, auch an der Reling: Die Japaner haben sich schnell die besten Plätze gesichert, schließlich befinden sie sich auf Fotosafari. Ganz hinten, fernab der besten Aussichtsplätze, stehen die Schweden. Aus Zurückhaltung? Oder weil sie die Strecke schon kennen? Dreimal tutet die »MS Enköping«, dann beginnt die Fahrt. Langsam, als würde es sich aus dem Hafen schleichen, gleitet das Schiff hinaus auf den Mälarsee. Trotzig stellen sich ein paar Schwäne dem Boot entgegen. Und stolz: Wahrscheinlich wissen sie, dass sie einst im königlichen Schweden ganz besonderes Ansehen genossen, waren sie doch Statussymbol der reichen Oberklasse. Auch die Könige hatten eine Vorliebe für Schwäne: In Drottningholm hat man den weißfedrigen Vögeln Ende des 18. Jahrhunderts sogar eine eigene Herberge gebaut. Das »Svanehuset« war ein edles Haus; die meisten Arbeiter lebten damals weitaus bescheidener.

Die »MS Enköping« lässt sich von so viel tierischer Arroganz allerdings nicht aufhalten und bahnt sich unbeirrt ihren Weg durchs Wasser. Sie gleitet vorbei am Stadshuset mit seinem hohen Turm, das jetzt nicht nur die Japaner fotografieren. Ein älterer Schwede ist mit seinen Enkelkindern unterwegs und erzählt ihnen davon, dass im Stadshuset alljährlich der Nobelpreis verliehen werde. Wenn man in die Stadt zurückkomme, würden sie auf den Turm des Stadshuset steigen, »versprochen«, sagt er. Denn von dort oben hat man den wohl besten Blick über Stockholm. Das wird auch den Enkeln gefallen.

Während der Schwede erzählt und die Japaner mit ihren Kameras beschäftigt sind, zieht das Schiff weiter. Am Ufer des Mälarsees tauchen bald die ersten grauen Wohnsilos auf. Stockholm hat nicht nur schöne Seiten. Aber wer hier am Wasser wohnt, zahlt wegen des traumhaften Blicks dennoch horrende Mieten. Lage kostet.

Doch bald schon gewinnt die Natur die Oberhand, werden die Häuser kleiner und bunter. Holz statt Beton. Rot statt Grau. Irgendwann deutet der schwedische Großvater mit dem Finger Richtung

Ufer. Die Villa Björnholm steht dort, die will er seinen Enkeln zeigen. Ich höre, wie er ihnen erzählt, dass der Zeitungsverleger Franz Sjöberg vor über hundert Jahren dieses Gebäude errichten ließ. Es sollte eines Tages die Präsidentenvilla sein; Sjöberg selbst wollte dort einziehen. Unbescheiden, wie er war, träumte der schwerreiche Verleger nämlich davon, selbst einmal Präsident einer zukünftigen schwedischen Republik zu werden. So weit kam es allerdings nicht: Eine Republik wurde Schweden nie, bis heute ist der König das Staatsoberhaupt.

Wohl auch deshalb endet die Schiffsreise nicht in Björnholm, sondern am Königsschloss in Drottningholm. Das Schiff umkurvt eine letzte Insel, und schon taucht das Schloss auf. Wieder höre ich dem Schweden zu: Das schönste Barockgebäude des Landes sei Drottningholm, erzählt er seinen Enkeln, und dass Nicodemus Tessin es im Jahr 1665 erbauen ließ. Gleich würden sie sich zusammen das Schlosstheater ansehen, immerhin das weltweit älteste Theater. Seine originalen Bühnenmaschinen sind noch immer in Betrieb. Wieder an Land, wirkt die japanische Reisegruppe noch zufriedener. Sie hat formatfüllende Fotos des gelben Schlosses samt Schwedenfahne im Kasten. Wenig später geben außerdem die Soldaten des königlichen Wachregiments in ihren schnittigen Uniformen ein vortreffliches Fotomotiv ab. Den von seinem Land begeisterten alten Schweden und seine beiden Enkel interessiert das vorerst wenig. Die drei sitzen auf den Stufen des Schlosses über den

Picknickkorb gebeugt. Thermoskanne und Sandwiches haben sie schon ausgepackt. Der Schwedenkönig verlangt nicht viel Etikette.

Kurioses

Immer wieder dienstags

Im Sommer treffen sich jede Woche über zehntausend Hobbysänger zum »Allsång« im Skansen

Jeden Dienstag macht sich Grete Heiberg auf den Weg in Richtung Skansen, dem Freilichtmuseum und Zoo am Stadtrand von Stockholm. Der Skansen wurde 1891 gegründet und ist das älteste und größte Freilichtmuseum der Welt. Und der Skansen ist ein Mikrokosmos Schwedens: Hunderteinundfünfzig Gebäude aus allen Teilen des Landes wurden hier zusammengetragen und wieder aufgebaut.

Grete Heiberg ist aber weder an den alten Gebäuden noch an Elch, Bär oder Wolf interessiert. Die fünfundsechzigjährige Rentnerin geht allwöchentlich zum Skansen, um beim *Allsång* dabei zu sein. *Allsång* ist typisch schwedisch und heißt übersetzt so viel wie »zusammen singen«. *Allsång* gehört zum schwedischen Sommer wie die langen Tage und die Stechmücken. Egal, ob kleiner Weiler oder Großstadt – überall im Land treffen sich dann Menschen, um gemeinsam zu singen.

Die größte *Allsång*-Arena aber liegt in Stockholm – und zwar im Freilichtmuseum Skansen.

Zehn-, fünfzehn-, oft sogar zwanzigtausend Menschen pilgern im Sommer dann jeden Dienstag dorthin. Damit auch jeder den richtigen Ton trifft, geben vorn auf der Bühne die Stars der schwedischen Schlagerszene die Melodie vor. Wer nicht selbst kommen kann, singt vor dem Fernsehschirm mit: »Allsång på Skansen« wird live im Schwedischen Fernsehen übertragen und ist der absolute Quotenrenner. Knapp ein Drittel aller Schweden sitzt vor der Glotze, wenn mit »Stockholm i mitt hjärta« – »Stockholm in meinem Herzen« – die Sendung eröffnet wird.

Anders als in Deutschland, wo Patrick Lindner und seine Kollegen bei der jüngeren Generation auf erhebliche Akzeptanzprobleme stoßen, sind Volkslieder und Schlager in Schweden auch eine Sache der unter Dreißigjährigen. Singen ist dort ein generationsübergreifendes Vergnügen. Die meisten Lieder, die beim *Allsång* geträllert werden, sind Gassenhauer. Damit aber auch wirklich jeder mitsingen kann, wird im Fernsehen wie beim Karaoke der Text eingeblendet. Und im Skansen kann man Hefte mit den Liedtexten kaufen. Aber die braucht kaum jemand. Fast alle sind textsicher. So wie Agnetha, die vierzigjährige Tochter von Grete Heiberg, und deren Ehemann. Auch die dreizehnjährige Enkelin ist an den Dienstagen beim Singtreff immer dabei. Nur der Enkelsohn ist aus der Art geschlagen: Er segelt lieber mit Freunden in den Schären.

1979 wurde das erste Mal »Allsång på Skansen«

im Fernsehen übertragen. Aber die Veranstaltung hat eine noch viel längere Tradition. 1935 ging alles los. Auch damals wurde schon übertragen – natürlich nicht im Fernsehen, sondern im Rundfunk. Und es stand kein Schlagerstar auf der Bühne, sondern eine Musiklehrerin gab den Ton vor.

Singen zählt generell zu den Lieblingsbeschäftigungen der Schweden. So ist Stockholm auch Welthauptstadt des Chorgesangs: Nirgendwo auf der Erde gibt es so viele Chöre wie hier. Schwedenweit singen mehr als sechshunderttausend Menschen in einem offiziellen Chor – Hobbysänger nicht mitgerechnet. Bei einer Gesamtbevölkerung von etwas mehr als zehn Millionen ist das eine beträchtliche Zahl. Die meisten singen im Kirchenchor, in der Schule oder der Universität. Auch nahezu jede Berufsgruppe hat einen eigenen Chor, so gibt es einen Chor der Busfahrer, einen der Lehrer und einen der Feuerwehrleute. Sogar die Finanzbeamten treffen sich zum gemeinsamen Singen. Natürlich haben auch die Volkshochschulen ihre eigenen Chöre, die Krankenhäuser sowieso.

Morgenstund hat Gold im Mund – diese alte Volksweisheit gilt auch beim *Allsång*. Profis wie Grete Heiberg wissen es: Wer einen guten Platz ergattern möchte, muss schon viele Stunden vor Beginn im Skansen sein. Echte Fans belegen deshalb tatsächlich schon am frühen Morgen den Platz für die Veranstaltung am Abend. Grete hat sich mit ihrer Familie gleich nach dem Mittagessen auf den Weg gemacht und ist gegen vierzehn Uhr im Park – das reicht immerhin für einen Platz in Reihe fünf. Damit ist sie zufrieden. »Ist doch schön hier«, sagt sie und blickt über die Stadt. In der Tat: Die Freilichtbühne im Skansen steht auf einem der besten Plätze Stockholms: Von diesem Hügel außerhalb des Zentrums aus haben Besucher einen herrlichen Blick aufs Meer, auf die abfahrenden Finnlandfähren und auf die Altstadt.

Somit ist die Sing-Arena im Skansen ein Ort, an dem es sich gut warten lässt. Oder picknicken. Auch an diesem sommermilden Dienstag hat Grete Heiberg Kaffee und *kanelkakor*, Zimtplätzchen, in den Picknickkorb gepackt. Singen strengt an, Magenknurren würde das Konzert nur stören. Während die anderen kräftig zubeißen, stimmt sich Gretas Enkelin Lina mit dem Walkman auf das Konzert ein. Sie freut sich auf Mando Diao, schwedische Rocker und die Zugnummer des heutigen Abends. Rock für Rentner? Volkslieder für Kids? In Schweden geht das alles. Nach dem Auftritt der Rockband stehen Schlager und Volkslieder auf dem Programm – keiner findet das ungewöhnlich.

Auch Gunnar Karlsson, Grete Heibergs Bruder aus dem Süden, hat seinen Besuch so gelegt, dass er beim *Allsång* dabei sein kann. Er hat seine eigene Theorie, warum das gemeinsame Singen in Schweden so populär ist: »Die Schweden bleiben lieber anonym, und in einer Gruppe fallen sie nicht so auf.« Für ihn sei die Gruppe ideal: »Ich kann gar nicht singen«, sagt Gunnar Karlsson und grinst.

»Wenn ich einen Ton nicht erwische, hört das hier wenigstens keiner.«

Stunden später, nach einigen Tassen Kaffee und vielen *kanelkakor*, kommt Bewegung in die Massen. Gleich fällt der Startschuss zum gemeinsamen Singen. Der Moderator betritt die Bühne, das Orchester beginnt »Stockholm i mitt hjärta« zu spielen – und Grete Heiberg stimmt wie jeden Dienstag aus vollem Halse mit ein. Auch Herr Karlsson scheint den Ton zu treffen. Oder bewegt er etwa nur seine Lippen?

Elchkötel für Hartgesottene

Beide, König Carl Gustaf und der deutsche Tourist, lieben Elche – allerdings auf ganz unterschiedliche Weise

Was ist der Deutschen liebstes Souvenir? »Alles, was mit Elchen zu tun hat!«, kommt die Antwort des Verkäufers in der Drottninggatan wie aus der Pistole geschossen. Der Herr hinter der Kasse des Souvenirladens muss es wissen: Er kennt sich aus mit den Vorlieben der Kundschaft. Glas steht bei den Japanern hoch im Kurs, erzählt er, und T-Shirts bei den Amerikanern. Die Russen hingegen liebten opulenten und kitschigen Schmuck – und die Deutschen eben Elchsouvenirs. Die Form oder das Material des Elch-Andenkens seien dabei Nebensache: Das Elchmotiv kann das T-Shirt ebenso zieren wie die Unterhose, den Schlüsselanhänger, eine Rolle Klopapier oder einfach nur eine Postkarte. Auch Elchstofftiere seien gefragt, sowie Verkehrsschilder, die vor Elchwechsel warnen. Früher haben deutsche Touristen diese begehrten Schilder oftmals vom Straßenrand weggeklaut – nicht selten mit schwerwiegenden Folgen. Die Schilder warnen nämlich vor einer durchaus realen Gefahr. Unfälle mit Elchen passieren recht häufig. Über zweitausend folgenschwere Kollisionen zwischen Mensch und Tier werden jährlich gezählt. Ernsthafte Verletzungen sind bei solchen Zusammenstößen die Regel. Inzwischen kann man die Schilder aber auch einfach im Geschäft kaufen, beispielsweise in einem der Souvenirläden in der Drottninggatan. Richtig hartgesottene Elch-Fans kaufen dort sogar Elchlosung im Glas – oder die Kötel gleich an der Schnur aufgezogen als Kette.

Warum gerade die Deutschen die Elche so sehr lieben, kann sich auch der Souvenirverkäufer nicht erklären. Es ist ihm auch egal, solange das Geschäft floriert und die Krone rollt. Liegt es vielleicht an den großen Kuschelohren oder an der weichen Schnauze, die der Elch scheinbar ständig kussbereit in den Wind hält? Wobei beide Körperteile – die Ohren wie der Mund – eigentlich einem ganz anderen Zweck dienen, als süß auszusehen: Als Waldtier ist der Elch auf sein Gehör und damit auf große Lauscher angewiesen. Und mit der Muffel, wie man die Schnauze korrekt bezeichnet, schält das Tier die Rinde vom Baum, um sie dann zu verzehren.

Was auch immer die Faszination des Elches für die Deutschen ausmacht – die Schweden können sie nicht nachvollziehen. Für sie steht dieses Tier für eine ganz normale Hirschart, deren Besonderheit allenfalls ihre Größe ist: Elchbullen können nämlich bis zu fünfhundert Kilo schwer und bis zu zwei Meter zwanzig hoch werden. Schlagzeilen ist der Elch für die Städter in Stockholm höchstens dann mal wert, wenn sich eines der Tiere in einen der Außenbezirke der Stadt verirrt und dort Äpfel aus dem Vorgarten geklaut hat, wenn es in den Swimmingpool im Garten gefallen ist oder sich im Labyrinth der Vorstädte verlaufen hat.

Mit einer Ausnahme: Während die Schweden die meiste Zeit des Jahres über die Elchbegeisterung der Deutschen nur milde lächeln, verwandeln sie sich im Oktober selbst in Elchverrückte. Dann beginnt die Jagdsaison, und fast alle schwedischen Männer verschwinden im Wald. Die Elchjagd ist für sie das Ereignis des Jahres. Wer es irgendwie einrichten kann, nimmt sich zu dieser Zeit Urlaub – und geht mit dem Gewehr in der Hand auf die Pirsch. Neunzigtausend Tiere werden während einer Jagdsaison geschossen, ohne dass sich dadurch allerdings der Gesamtbestand verringert.

Auch der König lässt sich die jährliche Elchjagd nie entgehen. Staatsbesuche finden im Monat Oktober nicht statt, denn dann zieht Carl Gustaf mit seinem Sohn Prinz Carl Philip hinaus in die Wälder. Sobald die beiden ihren jährlichen Elch erlegt haben, ist den schwedischen Boulevardblättern die Weltpolitik einerlei. Egal, was sonst passiert, auf Seite eins erfährt das Land, ob dem König ein Elchbulle, eine Kuh oder ein Kalb vor die Flinte geraten ist – und wie viele Schüsse Ihre Majestäten benötigten, um die Beute zu erlegen. Bei Carl Gustaf ist das keine Frage: Er geht seit über fünfzig Jahren auf die Jagd, und ein Blattschuss ist für ihn Standard.

Flirten im ersten Wagen

Die Stockholmer U-Bahn ist die längste Kunstausstellung der Welt, aber der Plan, sie zur größten Singlebörse zu machen, scheiterte

Die größte Kunstausstellung der Welt ist über hundert Kilometer lang und wird täglich von mehr als sechshunderttausend Menschen besucht. 1950 wurde sie in Stockholm eröffnet, aber der Andrang war so groß, dass sie 1964 und dann 1975 nochmals erweitert werden musste. Die meisten Stationen der Stockholmer U-Bahn haben Künstler gestaltet, auch deswegen vermarkten die Verkehrsbetriebe die *tunnelbana* als längstes Gesamtkunstwerk der Welt. Einheimische und Touristen, die in den Untergrund steigen, sollen die Bahn nicht nur nutzen, um vorwärtszukommen, sondern auch, um zu schauen und zu staunen.

Allerdings gibt es etliche Stationen, an denen zumindest der Laie die Kunst nicht sofort erkennen kann. Andere Haltestellen hingegen bieten durchaus etwas fürs Auge – vor allem entlang der roten und blauen Linie. Am T-Centralen schlängeln sich beispielsweise blaue Girlanden durch die Gänge. In Alby zieren bunte Blumen die Wände, und am Hötorget sind die Wände grün gekachelt und Lichtinstallationen unter der Decke zu sehen. Blaue Stahlpfeiler geben der Station von Kista den

Hauch einer Galerie, und in Solna Strand sorgen schräg gestellte blaue Würfel auf dem Bahnsteig für den künstlerischen Touch. Vielleicht hat man in Stockholm ja deshalb relativ wenige Probleme mit Graffiti, weil die Wände ohnehin schon vollgemalt sind.

Ein Museum ist der ideale Ort, um ein bisschen zu flirten. Wenn es sich bei der U-Bahn von Stockholm also um die größte Kunstgalerie handelt, müsste hier demnach der beste Platz zum Flirten sein. Das haben sich wohl auch die PR-Leute einer schwedischen Bank gedacht, die in riesigen Anzeigen für den »Singlewagen« warben. Jeden Montag, so ihre Aufforderung, sollten nur noch die Ungebundenen ganz vorne in den Zug einsteigen. So würde der erste Wagen zum Flirtabteil auf dem Weg zur Arbeit.

Die Idee war im Prinzip hervorragend – zumal Stockholm als die Hauptstadt gilt, in der weltweit die meisten Singles leben. Als Vorbild für die Flirtaktion diente den Schweden New York. Dort feierte das Flirtabteil angeblich einen Riesenerfolg. Vielleicht hätte die Sache mit dem Flirtwagen auch in Madrid, Paris oder Rom funktioniert – nicht aber in Stockholm. Denn auch in einem Singlewagen müsste man die Mitreisenden erst mal ansprechen, um mit ihnen überhaupt in Kontakt zu kommen. Genau hier aber liegt das Problem: Flirten im öffentlichen Raum gehört nicht gerade zu den Stärken der Schweden.

Abseits des Touristenstroms

Stadt der hundert Sprachen

Wer sich im Stockholmer Stadtteil Rinkeby verständigen will, hat mit Schwedisch schlechte Karten

Babylon liegt mitten in Schweden. Dabei ist Rinkeby auf den ersten Blick ein ganz normaler Vorort von Stockholm: Die für schwedische Großstädte so typischen lang gestreckten vier- bis sechsstöckigen Mietskasernen stehen auch hier. Schön sehen die braun und grün gestrichenen Blöcke nicht aus – sie sind aber auch nicht hässlicher als in anderen Gegenden.

Trotzdem unterscheidet sich Rinkeby von ihnen. Denn in Rinkeby, im Nordwesten der schwedischen Hauptstadt, spricht man mehr als einhundert Sprachen. Schwedisch, zumindest als Muttersprache, kann hier fast niemand. Weniger als zwei Prozent der Bewohner Rinkebys sind im Land geboren. Hier wohnen vielmehr Einwanderer und Flüchtlinge aus aller Herren Länder: Somalis leben neben Irakern, Inder neben Ghanaern, Pakistanis neben Iranern. Kaum ein Volk, das hier nicht vertreten ist.

In dem bunten Völkergemisch von Rinkeby gibt es keine Gruppe, die eindeutig dominiert. Unter sich zu bleiben, fällt hier schwer. Wer mit dem Nachbarn sprechen will, muss deshalb doch schwedische Worte benutzen. Schwedisch ist das Esperanto von Rinkeby – Schwedisch allerdings in seiner rudimentärsten Form, gemischt mit Wörtern aus den verschiedensten Einwanderersprachen. Literaturpreise lassen sich mit *Rinkebysvenska*, wie die neu geschaffene »Sprache« bei Linguisten inzwischen offiziell heißt, nicht gewinnen. Freundschaften schließen und auch Konflikte austragen hingegen sehr wohl.

Wer am Rinkeby Torg, dem Rinkebyplatz, aus der U-Bahn steigt, der tritt hinaus auf einen weiten Platz, der von mehrgeschossigen Laden- und Wohngebäuden eingerahmt wird. In seiner Mitte steht ein Springbrunnen – hässlich, aus einigen Rohren bestehend, die wohl ein Kunstwerk darstellen sollen. Auf den ersten Blick ein schwedischer Vorort par excellence. Auf den zweiten zeigen sich doch einige Unterschiede. Statt altehrwürdiger Banken, sind hier Money-Transfers die Säulen des Finanzwesens. Die Verwandten in der Heimat warten schließlich auf die Geldspritze aus Schweden. Fastfood heißt hier Halal statt Hotdog und die Friseure verstehen sich auf die neueste westafrikanische Mode. Auf den Bänken um den Platz sitzen ältere Herren, sie sehen arabisch aus, mit hochgeschlagenen Mantelkrägen. Es ist kalt an diesem Oktobertag. Die Kälte scheint sie aber nicht zu stören, denn sie sind ins Gespräch vertieft.

Die schwedische Autorin Kerstin Ekman hat

Rinkeby in ihrem Buch »Zum Leben erweckt« beschrieben. Da heißt es: »Der Geruch nach Masala und Minze und Knoblauch und rohem Fleisch im Supermarkt. Braunäugige alte Männer mit Persianermützen auf Parkbänken. Gleichsam in einer Zeit ruhend, die niemals zu Ende geht.« Ekmans Buch ist zwanzig Jahre alt – außer der Mützenmode der alten Männer hat sich in Rinkeby nichts verändert.

Einige junge Afrikaner stehen in Gruppen an der Mauer des Einkaufszentrums. Die hell getünchte Wand wirft die Herbstsonne zurück, macht die Kälte des schwedischen Herbstes erträglich. Sie unterhalten sich laut, müssen das auch. Denn sonst könnten sie die Musik nicht übertönen, die am Stand des libanesischen Gemüsehändlers an der Ecke aus einer Anlage plärrt. Um seinen Stand, den er in der Nähe des hässlichen Brunnens aufgebaut hat, drängen sich Frauen. Tief verschleiert die einen, in bunte afrikanische Stoffe gehüllt die anderen. In ihrer Mitte eine grauhaarige alte Dame. Sie könnte eine Schwedin sein, kommt aber – wie ich auf Nachfrage erfahre – aus Russland.

Am Rande des Platzes liegt die »Rinkeby Galerian«, ein Warenhaus für Billigramsch. Gefragt ist aber vor allem das Café im Erdgeschoss. Es befindet sich fest in Hand arabischer Männer. Junger Araber. Sie scheinen kälteempfindlicher zu sein als ihre Väter und Großväter, die draußen in der schwedischen Herbstsonne sitzen. Ist es nur Einbildung? Als ich an der Theke einen Kaffee bestelle, spüre ich die Blicke auf mir. Ich erwidere sie, glaube darin die Frage zu lesen, »Was macht der denn da?« Blonde Menschen verirren sich offensichtlich nur selten in das Viertel.

Tatsächlich sind die meisten Stockholmer noch nie in ihrem Leben in diesem Vorort gewesen. Warum auch – zu sehen gibt es nichts und zu tun auch nicht. Und dann ist da auch noch die Angst vor dem Fremden, dem Anderssein, die selbst die ansonsten so toleranten Schweden tief in sich tragen. »Willst du denn wirklich nach Rinkeby?«, fragten auch mich schwedische Freunde. Sie warnten mich sogar vor der Fahrt nach Rinkeby, als plante ich eine Expedition durch den Dschungel des Amazonas. Dabei liegt Rinkeby nur zehn Haltestationen mit der *tunnelbana* vom Stadtzentrum entfernt – und nicht am anderen Ende der Welt.

Rinkeby hat einen schlechten Ruf, und doch ist hier von Gewalt und Aggression nichts zu spüren. Ruhig und friedlich geht es zu, wenn man durchs Viertel läuft. Was auffällt: Gelacht wird hier mehr als in manch anderen Vororten, die fest in schwedischer Hand sind. Dennoch ist Rinkeby kein Paradies. Der Stadtteil hat seine Probleme. Wer in der Stadtteilzeitung *Mitt i Rinkeby* blättert, erfährt, dass Halbwüchsige von einer Brücke aus Steine auf fahrende Busse geworfen haben. Als schließlich ein Fahrrad von oben auf die Windschutzscheibe eines Busses krachte, erwogen die Verkehrsbetriebe sogar ernsthaft, die nach Rinkeby führende Linie 517 ganz einzustellen. In *Mitt i Rinkeby* kann man auch die Geschichte eines neunzehnjährigen Arabers nachlesen, der auf dem Rinkebytorg nach einem Streit niedergestochen und schwer verletzt worden ist. Anfang 2017 kam es zu Ausschreitungen, bei denen Polizisten mit Steinen beworfen und Autos in Brand gesteckt wurden. All das trägt dazu bei, dass Rinkeby in Stockholm noch immer einen zweifelhaften Ruf genießt und es ab und an sogar in die deutschen Fernsehnachrichten schafft.

Thèrése Skoglund Shekarabi ärgert das. Die Vierzigjährige ist Polizistin im Stadtteil und hat genug von den Vorurteilen über die Kriminalität in den Vorstädten. »Die Gewaltkriminalität sinkt seit Jahren«, sagt sie, »doch das ist nicht das Bild, das bei den Leuten ankommt.« Dabei würde ein Blick in die jedermann zugängliche Statistik genügen. Für das Jahr 2016 wurden beispielsweise im zentral gelegenen Stadtteil Norrmalm doppelt so viele Gewaltverbrechen begangen wie in Rinkeby, und was Raub und Diebstahl angeht, gehört der viel gescholtene Stadtteil ohnehin zu den sichereren in der schwedischen Hauptstadt. Oft lese man sogar, dass sich die Polizei nicht mehr nach Rinkeby traue, wundert sich Skoglund Shekarabi, die regelmäßig dort Streife läuft, kopfschüttelnd.

Dabei überwiegen die Erfolgsgeschichten im Viertel. Beispielsweise die von Reza Mansouris Buchladen. »Alfabet Maxima« heißt er, und er liegt nur ein paar Hundert Meter vom Rinkeby Torg entfernt. Dass der Laden im Stadtteil der hundert Sprachen liegt, spiegelt sich auch im Sortiment wider: Persische Bücher stehen ebenso im Regal wie arabische. Auch finnische oder russische Literatur ist zu haben. Selbst Astrid Lindgrens Bücher bekommt man hier – in so exotischen Sprachen wie Bengali und Romanes.

Reza Mansouri liebt seine Bücher. Und er ist Optimist. Dabei liegt Schlimmes hinter ihm: Der schwarzhaarige Mittsechziger ist Arzt, musste vor vielen Jahren aus dem Iran nach Schweden fliehen. Er, der hier in Rinkeby lebt und arbeitet, wundert sich nicht, dass es manchmal zu Streitigkeiten kommt. Er wundert sich vielmehr, dass es so selten dazu kommt: »Manche Menschen, die in meinem Laden Seite an Seite ein Buch lesen, würden sich in ihrem Heimatland bis aufs Messer bekämpfen«, sagt Reza Mansouri. Hier in Schweden aber lebten sie meist friedlich zusammen, »weil sie dieses Land jetzt als ihre Heimat betrachten«.

Reza Mansouris Laden ist aber nicht nur deswegen eine Erfolgsgeschichte, weil er zur Völkerverständigung beiträgt, sondern auch, weil er die Kinder zum Lesen animiert. Dieses Ziel hat sich auch die Schule von Rinkeby gesetzt – und sie liefert damit weiteren Stoff für eine Erfolgsstory. Ein Direktor und engagierte Lehrer haben es innerhalb eines Jahrzehnts geschafft, »Rinkebyskola« vom Schrecken aller Pädagogen in eine der besten und meistprämierten Schulen des Landes zu verwandeln. In einem landesweiten Mathematikwettbewerb kamen 2006 sechs der sieben Finalisten von dieser Schule. Inzwischen genießt sie einen so guten Ruf, dass sogar Eltern aus anderen Stadtteilen ihre Kinder zum Unterricht anmelden.

Mehr noch: Die Schule in Rinkeby gilt als Vorzeigemodell für eine gelungene Integrationspolitik. Dafür bekommt sie fast jedes Jahr im Dezember hohen Besuch: Und zwar vom Literaturnobelpreisträger des jeweiligen Jahres höchstpersönlich.

Cool to be schwul

Bei der Pride Week in Stockholm feiern Schwule und Lesben aus ganz Schweden

In fünf Minuten geht es los. Gunnar Nihlén tritt nervös von einem Bein auf das andere. Mit ihm warten zweitausend Zuschauer auf den Beginn des großen Schlagerkonzerts. Doch im Gegensatz zu ihnen ist Nihlén nicht nur zum Vergnügen da. Er hat das Konzert mitorganisiert. Das große Schlagerkonzert ist der traditionelle Höhepunkt der Pride Week, der Woche der Schwulen und Lesben, und ein Event, für das sich auch heterosexuelle Stockholmer interessieren. Schlag acht geht es los. Die erste Sängerin, die sich bei näherem Hinsehen als Sänger entpuppt, springt auf die Bühne. Das Publikum jubelt. Offenbar braucht es keine Zeit, sich erst mal aufzuwärmen. Gleich das erste Lied wird mitgesungen. Der Abend steht unter dem Motto »Grand Prix Eurovision de la Chanson« – und gut ein Dutzend schwedischer Teilnehmer an diesem Wettbewerb aus den vergangenen Jahren und Jahrzehnten sind mit dabei. Gunnar Nihlén zerdrückt heimlich eine Träne. Vor Freude und Erleichterung. Alles klappt ausgezeichnet, die Stimmung könnte nicht besser sein. Bald weicht die Anspannung aus seinem Gesicht und er tanzt wie alle anderen zur Musik.

Aber nicht nur Party ist während der Pride Week angesagt. Deswegen ist auch Pastor Åke Green ein Thema. Kommt die Sprache auf den Pastor der fundamentalistischen Pfingstgemeinde, geraten Homosexuelle im ganzen Land in Rage. Åke Green war wegen seiner schwulenfeindlichen Äußerungen sogar schon ein Fall für den »HomO«. HomO ist der Ombudsmann der Homosexuellen in Schweden, eine Art Bürgerbeauftragter, der sich für die Belange und Rechte von Schwulen und Lesben einsetzt.

Der alte Pastor hatte Homosexuelle in seinen Predigten als »Krebsgeschwür im Körper der Gesellschaft« bezeichnet und sie mit Sodomisten und Pädophilen verglichen. Der HomO verklagte den Kirchenmann daraufhin. Die Richter verurteilten Pastor Green zwar in erster Instanz, doch in der Revision wurde der Priester freigesprochen: Der Oberste Gerichtshof sah seine Äußerungen durch die Religionsfreiheit im Lande gedeckt.

Trotz solcher Typen wie Åke Green sind die Schweden laut Statistik nach den Niederlanden das Volk in Europa, das gegenüber Schwulen und Lesben am tolerantesten eingestellt ist. Einundsiebzig Prozent der Schweden stimmen einer Ehe zwischen Homosexuellen zu. Und jeder Zweite im Land ist der Meinung, dass auch Schwule und Lesben Kinder adoptieren dürfen sollten.

Diese Toleranz seiner Landsleute spürt auch Gunnar Nihlén. Er engagiert sich seit Jahren in der Schwulenbewegung und organisiert das Schwulenfestival »Stockholm Pride« mit, das jährlich im August stattfindet. Während der Pride Week stehen Konzerte und Partys für die Feierwütigen auf dem Programm, aber auch Diskussionen und Vorträge. Den Abschluss bildet der große Umzug durch die Stockholmer Innenstadt. Fünfzehntausend Schwule und Lesben nehmen daran teil – und bis zu einer halben Million neugieriger Stockholmer verfolgen die Parade vom Straßenrand aus. Roger ist auch dieses Jahr wieder mit dabei. Als Teilnehmer. Er ist Mitte fünfzig, und sein kleines Bäuchlein zeichnet sich unter dem eng anliegenden Turnhemd im Stil der sechziger Jahre besonders deutlich ab. Kurze Hose, Turnschuhe und rosa Puschel vervollständigen sein Outfit. Zusammen mit neun anderen Männern jenseits der vierzig gehört er einer Schwulengruppe im südschwedischen Malmö an. Ein Ausflug nach Stockholm ist für die Männer wichtiger Bestandteil eines gelungenen Sommers. Seit Jahren kommen die Zehn aus Malmö gemeinsam zur Parade. Diesmal haben sie sich sogar eine eigene Choreografie ausgedacht: Ähnlich wie Cheerleaders vor den Spielen eines American Football Teams heizen sie das Publikum an. Nur sind sie nicht ganz so jung, nicht ganz so schlank und eben Männer. Dafür aber ist die Gruppe witziger und weniger verbissen.

Mit dem Umzug geht dann auch die Pride Week zu Ende. Dann kehrt Gunnar Nihlén wieder in seinen Beruf als Abteilungsleiter einer Bank zurück. Gunnar Nihlén hat einen festen Freund und sagt von sich: »Als Schwuler habe ich in Stockholm keinerlei Probleme.« Wer sich hier zu seinem Anderssein bekennt, muss keine Repressionen fürchten. Kaum ein Nachbar, Vermieter oder Arbeitgeber stört sich daran. Auf dem Land sieht das aber selbst im toleranten Schweden ganz anders aus: »In einem Dorf seine Homosexualität zu leben, erfordert weitaus mehr Mut«, sagt Nihlén. Auch um solchen Menschen zu helfen, engagiere er sich in der Schwulenbewegung.

Theoretisch werden Schwule und Lesben in Schweden schon lange nicht mehr diskriminiert. Bereits 1944, als man in Nazideutschland fürs Schwulsein noch mit dem rosa Winkel ins KZ kam, hat Schweden die Strafbarkeit von Homosexualität aus dem Gesetzbuch gestrichen. Trotzdem blieben die Vorurteile in den Köpfen haften: In den fünfziger und sechziger Jahren des zurückliegenden Jahrhunderts waren die Schweden, was Homosexualität betrifft, ebensolche Moralapostel wie die Deutschen und Österreicher.

Obwohl sich mit der Achtundsechziger-Bewegung auch das schwedische Sittengemälde grundlegend änderte, wurde Homosexualität noch bis 1979 in öffentlichen Statistiken als Krankheit geführt! Erst als sich deswegen einige Schwule bei ihren Betrieben wirklich krank meldeten und Krankengeld beantragten, strich der Staat Homosexualität aus der Krankheitsliste. Mit dem Ergebnis, dass Schweden heute als das Vorzeigeland bei der Gleichstellung von Schwulen und Lesben gilt. Die gleichgeschlechtliche Ehe ist in Schweden ebenso Fakt wie das Recht homosexueller Paare, ein Kind zu adoptieren. Lesbische Paare haben auch die Möglichkeit, sich künstlich befruchten zu lassen; dies steht sogar im Gesetz festgeschrieben. Zu diesen Themen will Gunnar Nihlén allerdings nur wenig sagen. Heiraten und Familie, das sei nicht sein Ding. Man müsse ja nicht alles machen, was erlaubt sei, sagt er und grinst. Dennoch sei es wichtig, während der Pride Week weiterhin für die politischen Rechte und die gesellschaftliche Anerkennung von Schwulen einzutreten. »Der Spaß darf dabei aber nicht zu kurz kommen«, betont Nihlén. Der sei ohnehin garantiert – ist die Pride Week doch so etwas wie ein großes Klassentreffen, bei dem Schwule und Lesben aus dem ganzen Land gemeinsam feiern.

Inzwischen gehört es aber auch für wichtige Politiker zum guten Ton, sich beim Pride Festival zu zeigen. Kein Wunder: Schwule und Lesben haben sich in Schweden inzwischen von einer ausgegrenzten Rand- zu einer wichtigen Wählergruppe entwickelt. Nur von der ebenfalls im Reichstag vertretenen Christlichen Volkspartei lässt sich nie ein Spitzenpolitiker sehen. Für die konservativen Christen passen die Homosexuellen noch immer nicht in das traditionelle Familienbild.

Die Wählerstimmen der Lesben und Schwulen brauchen die Politiker der Christlichen Volkspartei ohnehin nicht. Sie haben ja schon treue Anhänger wie den Pastor Åke Green.

Neues Bauen braucht das Land

Hammarby Sjöstad, eine Wohnsiedlung am Rande der Stockholmer Innenstadt, inspiriert Architekten aus aller Welt

Überall werden Kinderwagen geschoben. Gleichberechtigt. Mindestens ebenso viele Männer wie Frauen sind mit dem Nachwuchs unterwegs. Ein Plakat wirbt für ökologische Babykleidung. Davor eine Frau mit Schwangerschaftsbauch, die es interessiert und vorausschauend studiert. Im Steakhouse sind am Nachmittag noch die Plätze frei, nebenan im Eisladen belohnt eine Mutter ihr Kind mit einem Vanilleeis. Ein Mittvierziger mit Bart, Glatze und blauem T-Shirt startet ein paar Schritte weiter den Motor seiner Jacht. Sie ist allenfalls fünf Meter lang, nichts Großes. Vom Hafen von Hammarby Sjöstad aus sticht der Mittelstand in See.

Hammarby Sjöstad ist das neueste Stadtentwicklungsprojekt in der schwedischen Hauptstadt. Im Südosten Stockholms, nur wenige Kilometer vom Zentrum entfernt, sind in den vergangenen Jahren elftausendfünfhundert Wohnungen entstanden, zudem wurden hier mehr als fünftausend neue Arbeitsplätze geschaffen. Das Viertel will Maßstäbe setzen, in Sachen Nachhaltigkeit ein weltweites Vorbild sein.

Doch der Reihe nach. Bis in die achtziger Jahre hinein dampften in Lugnets industriområde – wie Hammarby Sjöstad damals noch hieß – die Fabrikschlote. Die großen alten Werke machten schließlich eines nach dem anderen dicht und hinterließen ein Gebiet, in dem der Boden voller Schadstoffe und das Wasser verschmutzt war. Weil sich niemand für das Areal interessierte, machte sich in der heruntergekommenen Gegend bald Stockholms Halbwelt breit. Drogenabhängige und Obdachlose fanden hier in notdürftig aus Brettern gezimmerten Hütten ein Rückzugsgebiet. Die harten Jungs der Motorradgangs drehten auf ihren Maschinen ihre Runden, während sie Nutten in ihrem Auftrag auf den Strich schickten. Bald traute sich niemand mehr hierher. Lugnet war in den achtziger Jahren die einzige No-Go-Area Stockholms – ja vielleicht sogar ganz Schwedens.

1991 reichte Stockholm dann seine Bewerbung für die Olympischen Spiele 2004 ein. Nachdem Sydney mit einem ausgeklügelten Umweltkonzept den Zuschlag für die vorhergehenden Spiele erhalten hatte, setzte man bei der schwedischen Bewerbung ebenfalls voll auf die »Umweltkarte«. Die Stockholmer Spiele hätten die umweltfreundlichsten aller Zeiten werden sollen, und Lugnet der Ort für das olympische Dorf. Schlussendlich hat Athen die Spiele bekommen; wie so oft waren für das IOC sportpolitische Gründen wichtiger als die Qualität der Bewerbung.

Den Plan einer umweltfreundlichen Stadt gaben die Schweden aber nicht auf. Trotz der abgelehnten Olympiabewerbung rückten 1996 die Bagger an, die Industrieruinen wurden abgerissen, der Boden saniert.

Wohnraum braucht man in Stockholm dringend. Für Leute, die hierher kommen, ist es nahezu unmöglich, eine Wohnung zu finden. Stockholm gehört zu den am schnellsten wachsenden Städten in Europa.

Schon einmal hatte Schweden ein großes Bauprogramm gestartet. In der Zeit nach dem Zweiten Weltkrieg sollten im »Millionenprogramm« innerhalb von zehn Jahren eine Million neue Wohnungen entstehen. Bei einer Gesamtbevölkerung von damals 7,8 Millionen ein gigantisches Projekt. Herausgekommen sind dabei lieblos auf die flache Wiese gestellte Trabantenstädte mit Wohnungen von miserabler Qualität. Heute sind genau das die Stadtteile, in denen die größten sozialen Probleme herrschen.

Aus diesem weitgehend gescheiterten Projekt hat man Lehren gezogen und in Hammarby Sjöstad keine seelenlosen Wohnbunker hochgezogen. Höher als vier oder fünf Stockwerke ist hier kein Gebäude. Keinesfalls sollte eine reine Schlafstadt entstehen, die man morgens verlässt und in die man abends nach getaner Arbeit zurückkehrt. Trotzdem fühlte man sich zunächst in den Straßen der neuen Wohnwelt so allein wie in der sibirischen Wildnis. Erst als in einer zweiten Bauphase auch Geschäfte, Kneipen und Restaurants eröffneten, kam Leben in den Kiez. Inzwischen sagen

Pessimisten schon ein Restaurantsterben voraus – das Angebot sei viel zu üppig für die etwa fünfundzwanzigtausend Einwohner des Viertels. Momentan aber freuen sich die Einheimischen einfach über das vielfältige Angebot – egal ob spanische Tapas oder chinesische Nudeln bei Herrn Pong, in Hammarby Sjöstad kann man auf eine kulinarische Weltreise gehen.

Wer heute durch Hammarby Sjöstad spaziert, dem fallen die vielen Sitzgelegenheiten auf – Bänke und breite bequeme Holzstufen, die zum Wasser hinabführen. Die Menschen sollen nach draußen gelockt werden, sollen die Neubausiedlung im ursprünglichen Sinn des Wortes beleben. Nie ist der Weg weit zum Wasser, nie weit zum nächsten Park. Laut den offiziellen Vorgaben soll jeder Bewohner, egal wo er wohnt, höchstens dreihundert Meter gehen müssen, bevor er am Meeresufer steht.

Grün gibt's nicht nur am Boden, auch auf einigen Dächern wachsen Bäume. Umweltpolitisch korrekt hat man sogar ein kleines Schilfgebiet angelegt. Zum Umweltschutz dürfte das Minibiotop zwar nur wenig beitragen und das Entenpaar, das sich dort niedergelassen hat, gehört auch zu keiner gefährdeten Art – doch immerhin haben die Kinder so Tierblick direkt vom Balkon.

Auffallend ist, dass es in Hammarby Sjöstad nur sehr wenige Parkplätze gibt. Man braucht sie auch nicht. Denn statistisch gesehen hat nur jeder zweite Haushalt hier ein Auto. Jenny Holmér, die mit ihrem Ehemann und ihrem kleinen Sohn aus Mittelschweden hierhergezogen ist, schwärmt: »Wenn wir ins Zentrum wollen, fahren wir eigentlich immer mit der kostenlosen Fähre. Mit dem Kinderwagen ist das ideal.« Holmérs könnten aber auch den Bus nehmen, der biogasbetrieben Richtung Stadtmitte unterwegs ist, oder auch mit der Straßenbahn fahren.

Einen Nachteil haben die Parkplatzverknappung und die bewusst autounfreundliche Straßenführung in der Seestadt aber doch. »Wenn auch nur ein Auto falsch geparkt hat, kommen die Busse hier nicht mehr durch und dann steht man ewig im Stau«, beschwert sich Frau Holmér. Gut, dass zumindest die Müllwagen nicht durchs Viertel fahren müssen. Beim »Hammarby-Modell« wird der Müll nämlich unterirdisch in Röhren durch Unterdruck zu einer Sammelstelle befördert, zwei Kraftwerke verbrennen den Abfall und mit der so gewonnen Energie werden einige der Häuser beheizt. Die Kläranlage des Stadtviertels wandelt Abwasserreste in Düngemittel und in Biogas um, mit dem dann Busse betankt und Gasherde in Privatwohnungen betrieben werden. Durch Energiegewinnung aus Haushaltsabfällen und Abwasser sowie Sonnenenergie versorgt sich der Stadtteil heute weitgehend autonom.

Aktuell arbeitet man daran, aus dem Meerwasser Energie zu gewinnen, um damit zumindest einen Teil der Häuser zu heizen. »Mit der Seewärme werden wir unsere Heizkosten um mehr als siebzig Prozent senken können«, so Jörgen Lööf, der Vorsitzende der Eigentümervereinigung in Hammarby Sjöstad. Dass der Stadtteil seiner Rolle als Vorzeigemodell gerecht wird, liegt aber auch an seinen Bewohnern. Die unterstützen die Energiesparmaßnahmen und lassen sich regelmäßig zum Thema nachhaltiger Lebensstil fortbilden. Jede Familie muss beispielsweise ein Art Abfallbuch führen, in das sie die Art und Menge des Haushaltsmülls einträgt. Und als man vor kurzem feststellte, dass der Wasserverbrauch pro Kopf anstieg, bot man den Anwohnern sofort den entsprechenden Einspar-Crashkurs an. Das Ergebnis kann sich sehen lassen – der Wasserverbrauch pro Kopf ist in Hammarby Sjöstad inzwischen fünfundzwanzig Prozent niedriger als in den übrigen Stadtteilen Stockholms.

Geschichten aus der Geschichte

Bluttropfen im Schnee

Stockholms Altstadt war einst Schauplatz eines blutigen Gemetzels

Vier Uhr nachmittags in Gamla Stan: Nebelschwaden ziehen durch die Altstadt von Stockholm. Vor einer Stunde ist die Sonne untergegangen. Der Schnee reflektiert das Licht der Straßenlaternen. Menschen hasten durch die engen Gassen. Die meisten von ihnen sind nach der Arbeit auf dem Weg nach Hause. Auf dem Weg in die Wärme. Zurück in die Räume hinter den Fenstern mit ihrem anheimelnden, verführerisch gelbroten Schein. Die Mantelkrägen haben sie hochgeschlagen, die Hände tief in den Taschen vergraben. Die Auslagen der Schaufenster würdigen die Passanten mit keinem Blick.

Jetzt, in der Vorweihnachtszeit, sind in der Altstadt Stockholms nur die Einheimischen unterwegs. Postkarten, Dalapferde, Schneekugeln mit dem Königlichen Schloss und andere Souvenirs interessieren sie nicht. Touristen, die durch die Straßen schlendern und in den Cafés sitzen, sind im Dezember kaum zu sehen. Die Geschäfte der Andenkenhändler laufen schlecht. Für sie heißt es, bis zum Sommer durchzuhalten. Darauf zu warten, dass sich in Gamla Stan wieder die Touristen auf der Suche nach Fotomotiven und Souvenirs drängen, dass T-Shirts mit Schwedenfahnen oder Schnapsbecher mit Elchmotiven wieder zu begehrten Waren werden. Auch darauf, dass in den Gassen der Altstadt Deutsch, Englisch und Italienisch das Schwedische als dominierende Sprache verdrängen.

In Gamla Stan begann die Geschichte Stockholms. Im Jahr 1252 hat Birger Jarl an diesem Ort die Stadt gegründet. Hier stehen die Storkyrkan, eines der ältesten Gebäude der Stadt, die Riddarholmskyrkan, die Begräbniskirche der Könige, und auch das Schloss. Dieses Schloss, im Sommer Lieblingsmotiv der Touristen, wurde zwar erst im 18. Jahrhundert errichtet, doch schon zu Birgers Zeiten stand hier eine Burg.

Die alten Herrenhäuser blicken hinab auf die Vorbeieilenden. Im Winter erkennen sie wieder mehr bekannte Gesichter. Jetzt bleiben Stockholmer unter sich. Gamla Stan ist Postkartenidylle pur. Doch nicht immer ging es in Stockholms Altstadtgassen so friedlich zu wie heute.

Im Winter 1520 zog der Gestank von Verwesung durch die engen Gassen. Auf dem Stortorg, dem zentralen Platz, ließ der dänische König Christian II. fast hundert Adelige hinrichten, die einen Aufstand gegen ihn angezettelt hatten. Zwei Tage lang wütete der Henker mit seinem Fallbeil. Die abgetrennten Köpfe rollten durch die steilen

Straßen zum Meer hinab, die Köper ließ man zur Abschreckung liegen. Erst nach Tagen wurden sie weggeschafft und außerhalb der Stadt verbrannt.

Seit 1397 waren Dänen, Norweger und Schweden in einem Königreich vereint. Meist aber hatten die Dänen die Krone auf. Das gefiel den Schweden irgendwann nicht mehr; es kam zum Aufstand. Doch die schwedische Armee war militärisch zu schwach und musste sich schließlich dem Heer des Dänenkönigs Christian II. ergeben. Der zeigte sich scheinbar versöhnlich, gewährte großzügig allen Aufständischen Amnestie und lud zu einem dreitägigen Fest nach Stockholm ein. Am Abend des dritten Tages aber ließ der König alle schwedischen Adeligen zu sich rufen. Doch anstelle eines friedlichen Umtrunks erwartete sie der Tod: Die Nichtsahnenden wurden festgenommen, in einem Schnellverfahren verurteilt – und bereits am nächsten Tag begann die Hinrichtungsorgie.

Sein Blutrausch brachte auch den Mörder in Bedrängnis. Ein neuer und noch gewaltigerer Aufstand begann, und drei Jahre nach den Hinrichtungen in Gamla Stan verlor Christian II. seinen Königstitel nicht nur in Schweden, sondern auch im heimischen Dänemark. Denn auch dort putschte der Adel gegen die Krone. Der König konnte zunächst fliehen, wurde aber schließlich gefangen genommen. Siebenundzwanzig Jahre seines Lebens verbrachte der Monarch, an dessen Händen so viel Blut klebte, danach in Kerkerhaft. Die Toten aber haben bis heute Gamla Stan nicht verlassen: Einer

Sage zufolge treffen sich die Hingerichteten jedes Jahr am Tag ihres Todes auf dem Stortorg – und ziehen als dichte Nebelschwaden durch die Gassen der Altstadt.

Jungfernfahrt mit Todesfolge

Im Sommer 1628 sank das damals größte Kriegsschiff der Welt nach nur zwanzigminütiger Fahrt im Hafen von Stockholm

Am 10. August 1628 ging der fünfzehnjährige Christer an Bord der »Vasa«. Er war der königlichen Miliz in die Arme gelaufen und zum Dienst in der Marine verpflichtet worden. Seeleute auf diese Weise zu rekrutieren, war im Schweden des 17. Jahrhunderts gängige Praxis. Denn freiwillig fuhren nur die wenigsten zur See. Zu schlecht war der Sold, und zu entbehrungsreich das Leben an Bord.

Tausende Menschen standen an diesem schönen Sonnentag am Ufer, um dem Auslaufen der »Vasa« zuzusehen. Und sie jubelten – handelte es sich bei der »Vasa« doch um ein Regalschiff, den neuen Stolz der schwedischen Marine. Regalschiffe nannte man damals die besonders großen Kriegsschiffe – und die »Vasa« war das größte von allen: Fast siebzig Meter lang war sie, mit zehn Segeln bestückt, und an Bord befanden sich außerdem vierundsechzig Kanonen. Fast drei Jahre hatten vierhundert Handwerker an dem Schiff gearbeitet, und mehr als eintausend Eichen waren für den Bau gefällt und verarbeitet worden.

Das Schiff lag vor dem Schloss vertäut und

wartete auf den Befehl, ablegen zu dürfen. König Gustav II. Adolf weilte zwar nicht in Stockholm – er war mit seinen Truppen in Polen unterwegs –, aber ansonsten war alles gekommen, was Rang und Namen hatte, um der Jungfernfahrt beizuwohnen. Auch ausländische Gesandte waren geladen, denn ganz Europa sollte von der Macht der schwedischen Marine erfahren. Das Auslaufen der »Vasa« sollte auch als Warnung dienen, sich nicht mit den militärisch starken Schweden anzulegen. König Gustav Adolf ließ die Muskeln spielen.

Christers Puls schlug heftig, als das Schiff ablegte. Er war aufgeregt, weil er Schweden bis dato noch nie verlassen hatte. Und er hatte Angst, zog er mit der Fahrt nach Polen doch in den Krieg. Sein König wollte in Polen den Erzfeind des Reiches, König Sigismund III., besiegen. Sigismund war nicht nur Katholik und allein aus diesem Grund den protestantischen Schweden schon verhasst, sondern er war einst auch König von Schweden gewesen – und in dieser Funktion entmachtet worden. Allerdings hatte er die Hoffnung, auf den schwedischen Thron zurückzukehren, noch nicht aufgegeben.

Obwohl die »Vasa« ein Kriegsschiff war, befanden sich beim Auslaufen noch keine Soldaten an Bord. Diese sollten erst zusteigen, nachdem das Schiff den Schärengürtel verlassen hatte. Die restlichen Mitglieder der Schiffsbesatzung durften bis dahin aber sogar ihre Liebsten mit an Bord nehmen, um mit ihnen zu feiern. Würden sie die

Familie während der großen Reise doch mehrere Monate, vielleicht sogar Jahre nicht wiedersehen. Und viele Besatzungsmitglieder würden vermutlich nie mehr zurückkommen.

Um vier Uhr nachmittags ließ Kapitän Söfring Hansson schließlich die Anker lichten. Es war fast windstill, und so musste das Schiff die ersten hundert Meter aus dem Hafen gezogen werden. Dann aber hörte Christer den Befehl: »Setzt Fock, Vormarssegel, Großmarssegel und Besan!« Er legte sich mit seinen Kameraden ins Zeug, stieg in luftiger Höhe in die Rah, und bald standen die Segel im Wind. Die »Vasa« gab ein prächtiges Bild ab, und von seinem Ausguck hoch oben hatte Christer einen hervorragenden Blick auf die Menschenmassen, die dem Schiff und seiner Besatzung vom Ufer aus zuwinkten und zujubelten.

Plötzlich aber legte sich die »Vasa« schräg. Die Matrosen in den Segeln konnten sich nur mit Mühe festhalten. Doch schnell richtete sich die »Vasa« wieder auf. Niemand maß der kurzen Schräglage große Bedeutung bei. Nur einem stockte der Atem: Admiral Clas Larsson Fleming, einem der Hauptbefehlshaber der Flotte. Er beobachtete vom Ufer aus die Fahrt der »Vasa« mit Sorge. Als er sah, wie sich das große Schiff schräg legte, wusste er sofort um die Gefahr. Einige Tage vor dem Auslaufen hatte er nämlich die Stabilität des Schiffes getestet, hatte dreißig Schiffsburschen von der einen Seite des Schiffes zur anderen rennen lassen. Schon nach kurzer Zeit krängte die »Vasa« so stark, dass der Admiral den Versuch abbrechen ließ. Später, als die Folgen der Katastrophe vor dem Seegericht verhandelt wurden, erinnerte sich ein Matrose an Flemings Worte während des Tests: »Wenn nur Ihre Majestät zu Hause wäre.« Ohne die Einwilligung des Monarchen hatte es Fleming nicht gewagt, die Jungfernfahrt abzublasen. Diese Entscheidung sollte viele Menschenleben kosten.

Vorerst aber hielt das Schiff Kurs. Christer und die anderen Matrosen kletterten gerade von den Rahen herab, als sich das Schiff erneut langsam, fast in Zeitlupe, auf die Seite legte. Dadurch konnte Wasser durch die offenen Kanonenpforten ins Schiffsinnere einlaufen, und das besiegelte das Schicksal der Wasa endgültig. Mit gehissten Segeln versank sie in den Fluten der Ostsee – und nahm diejenigen, die unter Deck ihren Dienst versahen, mit in die Tiefe.

Die Jungfernreise des prächtigen Schiffes hatte nur zwanzig Minuten gedauert. Christer hatte Glück: Die Seeleute auf Deck konnten sich mit einem Sprung ins Wasser retten. Allerdings wäre Christer dennoch fast ertrunken. Wie die meisten Menschen damals konnte auch er nicht schwimmen. Wild zappelnd und rudernd erreichte er nach knapp fünfzig Metern aus eigener Kraft das Ufer der Insel Beckholmen. Als er sich umdrehte, war von der »Vasa« bereits nichts mehr zu sehen.

Zwei Wochen nach dem Unglück erfuhr der König über einen Kurier, dass die »Vasa« untergegangen war. Er war außer sich vor Wut. Auf

Unverstand und Unachtsamkeit sei das Unglück zurückzuführen, wetterte er – und setzte sofort eine Untersuchungskommission ein. Diese sollte den Schuldigen ausfindig machen und entsprechend bestrafen. Dabei trug der hochmütige König selbst den größten Teil der Schuld: Seit 1621 lag Schweden mit den Polen im Krieg. Polens mächtige Seeflotte war ein ernst zu nehmender Gegner im Kampf um die Vorherrschaft in der Ostsee. Um den Polenkönig Sigismund in die Knie zu zwingen, gab Gustav Adolf bei der Stockholmer Werft vier Kriegsschiffe in Auftrag. Eines davon, so sein Befehl, sollte so monumental sein, dass der Gegner allein beim Anblick erschaudern und die Flucht ergreifen würde. »Nächst Gott beruht das Wohlergehen des Reiches auf seiner Flotte«, postulierte Gustav Adolf.

Immer neue Anweisungen gab der König während der Bauphase. Mal sollte das Schiff noch größer werden, mal noch schwerere Kanonen an Bord aufnehmen können, mal noch prunkvoller werden. Gustav Adolf wünschte sich zunehmend schmückendes Beiwerk und Verzierungen. Denn ein Kriegsschiff galt damals nicht nur als Kampfgerät, sondern es war auch ein Zeichen königlicher Macht.

Gleichzeitig sollte aber alles immer schneller gehen. Der König wollte die »Vasa« schnellstmöglich zum Einsatz bringen. Vor dem Stapellauf blieb daher keine Zeit mehr, die Einsatztauglichkeit des Schiffes zu überprüfen – und gegebenenfalls zu korrigieren. All das passierte zudem in einer Zeit, in der man Schiffe nicht anhand von Plänen baute und in der mathematische Stabilitätsberechnungen noch unbekannt waren. Vielmehr griffen die Schiffsbauer auf Erfahrungswerte zurück. Doch ein Schiff wie die »Vasa« gab es noch nicht, und sämtliche Maßtabellen führten die Erbauer in die Irre. Die Folge war, dass der Schiffsmittelpunkt zu hoch lag, man zu wenig Ballast mit an Bord nahm – und die »Vasa« schon bei leichtestem Wind nicht mehr seetüchtig war.

All das fand man aber erst Jahrhunderte später heraus, nachdem die »Vasa« 1961 gehoben und im Vasa-Museum auf der Insel Djurgården ausgestellt worden war. Die vom König eingesetzte Kommission hingegen bestrafte keinen Schuldigen. Sie übernahm das Urteil des Baumeisters. Dieser antwortete auf die Frage, wer den Untergang der »Vasa« denn nun zu verantworten habe: »Das weiß Gott allein.«

Keine Milch für Männer

Vor mehr als hundert Jahren wurde in Stockholm ein Laden nur für Frauen eröffnet

Männer müssen draußen bleiben! Was bei vielen Frauencafés, Frauenhotels und Frauenläden heutzutage normal ist, galt 1905 noch als revolutionär. Immerhin sprechen wir über eine Zeit, als schwedische Frauen weder wählen noch ohne Zustimmung des Ehemannes über größere Geldsummen verfügen durften. Sämtliche Geschäfte befanden sich damals im Besitz des vermeintlich starken Geschlechts. Zumindest so lange, bis Anna Whitlock kam: Sie gründete eine Genossenschaft für Frauen, einen Lebensmittelladen auf dem Stockholmer Stureplan – von Frauen und nur für Frauen.

Anna Whitlock kam aus bürgerlichem Hause, und der Kampf für die Rechte der Frau hatte in ihrer Familie Tradition. Schon ihre Mutter Sophie und die Schwester Ellen waren in der Suffragettenbewegung aktiv. Der liberale Vater stand dem Ganzen wohlwollend gegenüber.

Warum gründete Anna Whitlock aber gerade eine Genossenschaft für Lebensmittel? Nahrungsmittel waren damals meist von extrem schlechter Qualität. Milch wurde in der Regel gepanscht, Getreide gestreckt, Bier verwässert. Die Folge: Immer häufiger starben Kleinkinder und Babys aus armen

Arbeiterfamilien, weil ihre kleinen Körper die mit verschmutztem Wasser versetzte Milch nicht vertrugen. Whitlock, die in jenen Tagen eine Schule in Stockholm leitete, bekam das Leid der Kinder hautnah mit – und beschloss, daran etwas zu ändern.

Im November 1905 wurde die erste Filiale von »Svenska Hem« eröffnet. Im »Schwedischen Heim« gab es qualitativ hochwertigere Lebensmittel zu recht günstigen Preisen. Und weil Anna Whitlock überzeugt war, dass sich kein Mann freiwillig in die zweite Reihe stellen lassen würde, sollten die Frauen ganz unter sich bleiben.

Doch die Männer der Stadt mischten sich sehr wohl ein. Und zwar massiv. Der Schwedische Händlerverband rief seine Mitglieder zum Totalboykott des Frauenladens auf: Von Stund an lieferten seine Mitglieder nichts mehr an »Svenska Hem«. Die Frauen versuchten daraufhin, ihre Waren direkt vom Bauern zu beziehen. Sie reisten kreuz und quer durchs Land, um an Lebensmittel zu kommen. Vergebens: Niemand wollte mit ihnen handeln. Auch im Ausland erging es den Frauen des »Schwedischen Heims« nicht besser: In Hamburg und Amsterdam wurden sie von den Händlern ebenso boykottiert wie im eigenen Land.

Doch Whitlock gab nicht auf und schickte ihre Einkäuferinnen weiter durch ganz Europa. Diese wurden schließlich in London fündig, wo sie Tee, Plätzchen und Marmelade erhielten, sowie in der Schweiz und Italien, Ländern, aus denen sie Käse und Olivenöl bezogen. Nach und nach gelang es den Stockholmer Frauen auf diese Weise, ein Händlernetz in ganz Europa aufzubauen. Letztendlich verhalf der Boykott dem Laden sogar zum Erfolg: Da die Eigentümerinnen europaweit einkauften, gab es hier Waren, die Kundinnen andernorts vergeblich suchten.

Bald schon konnte »Svenska Hem« vier weitere Genossenschaftsläden eröffnen. Auch was die Versorgung der Angestellten anging, waren die Frauen den Männern voraus: Wer für »Svenska Hem« arbeitete, dessen Lohn wurde regelmäßig erhöht. Auch im Krankheitsfall waren die Verkäuferinnen versichert – ein sozialer Schutz, der im übrigen Schweden erst in den dreißiger Jahren des vergangenen Jahrhunderts eingeführt wurde.

Dennoch währte der Erfolg von »Svenska Hem« nur kurz. Während des Ersten Weltkriegs erfasste eine schwere Wirtschaftskrise das Land, obwohl Schweden selbst nicht am Krieg beteiligt war. Auch die Umsätze von »Svenska Hem« gingen zurück. Die Genossenschaftsläden waren als eigenständige Unternehmen bald nicht mehr überlebensfähig. Um in der Not Synergieeffekte zu nutzen, schlossen sich die Damen um Anna Whitlock mit einer anderen, erheblich kleineren Genossenschaft zusammen: der »Konsumentenvereinigung Stockholm«, die unter dem Namen »Coop-Konsum« bis heute besteht.

Bei der »Konsumentenvereinigung Stockholm« hatten jedoch die Männer das Sagen. Und obwohl ihre Vereinigung viel kleiner war, übernahmen sie bald die Führung der zusammengeschlossenen Genossenschaft. Nach nur wenigen Jahren wurde kein einziger Laden mehr, der einst zu »Svenska Hem« gehört hatte, von einer Frau geführt. Anna Whitlock hatte recht behalten: Männer können nicht in der zweiten Reihe stehen.

Das Stockholm-Syndrom

Eine Geiselnahme macht eine Stadt bekannt

Als Birgitta Lundblad am Morgen des 23. August 1973 zur Arbeit ging, ahnte sie nicht, dass sie später an diesem Tag Opfer eines Verbrechens werden würde. Die junge Frau, verheiratet und Mutter von zwei Kindern, war bei einer Bank im Stockholmer Stadtteil Norrmalm angestellt. Es war gegen zehn und Birgitta Lundblad gerade dabei, Überweisungsformulare abzustempeln, als sie durch Schüsse aus einer Maschinenpistole aufgeschreckt wurde, die durch die Bankhalle peitschten. Die damals einunddreißigjährige Bankangestellte warf sich auf den Boden und suchte unter ihrem Schreibtisch Schutz, während die Splitter der Glasdecke auf sie herabfielen. Wenige Sekunden später sah sie erstmals in das Gesicht von Janne Olsson. Der Mann, der die Bank überfallen hatte, befahl ihr aufzustehen. Dann fesselte er Birgitta Lundblad und zwei ihrer Kolleginnen an eine der Marmorsäulen in der Halle. Die anderen Angestellten und die Kunden ließ Olsson gehen.

Olssons spektakulärer Auftritt bildete den Auftakt einer sechstägigen Geiselnahme – und war gleichzeitig Beginn eines der bekanntesten Verbrechen in der Geschichte Schwedens. Das »Stockholm-Syndrom« ist seither ein feststehender Begriff in der Kriminalpsychologie: Er beschreibt das Phänomen, dass sich Opfer eines Verbrechens mit den Tätern solidarisieren und eine emotionale Beziehung zu ihnen aufbauen. Birgitta Lundblad wird ihren Entführer später küssen – und das obwohl er sie so brutal gefesselt hatte. Für die Psychologen war der Fall klar: Die junge Frau hatte sich in ihren Geiselnehmer verliebt, war er doch derjenige, der über ihr Schicksal entscheiden würde. Die Betroffene selbst sah das im Rückblick – und viele Jahre nach ihrer Freilassung – ganz anders: »Es war überhaupt nicht so, dass ich in meinen Entführer verliebt war«, widersprach Lundblad in einem Interview den Berichten der Klatschpresse. »Als Geisel muss man sich einfach der Situation anpassen, schließlich geht es ums Überleben.«

Janne Olsson forderte Geld, einen Fluchtwagen und Waffen. Und dann hatte er noch einen sonderbaren Wunsch: Er wollte, dass Clark Olofsson aus der Haft freigelassen und in die Bank gebracht würde. Olofsson war damals einer der bekanntesten Verbrecher des Landes, saß schon seit Jahren in Haft. Olsson bewunderte ihn und wollte sich auf diese Weise die Anerkennung seines Vorbilds sichern.

Die Polizei ging tatsächlich auf diese Forderung Olssons ein und brachte Olofsson in die Bank. Geld, Fluchtwagen und Waffen bekam Olsson aber nicht. Deswegen verbarrikadierte er sich mit seinen Geiseln im Tresorkeller. Weil ein männlicher

Bankangestellter während des Überfalls dorthin geflüchtet war, fiel dem Kidnapper eine vierte Geisel in die Hände.

Nach eineinhalb Tagen Gefangenschaft musste eine der Geiseln, die dreiundzwanzigjährige Kristin Enmark, den damaligen Ministerpräsidenten Olof Palme anrufen. Sie sollte ihn überreden, die Forderungen des Geiselnehmers zu erfüllen. Doch Palme zeigte sich im Gespräch mit der verzweifelten jungen Frau wenig einfühlsam. Das etwa zwanzigminütige Telefonat, das mitgeschnitten wurde, zeigt, dass sich der Staatschef hilflos und eher belästigt fühlte – und sich offenbar nicht in die Extremsituation der Geiseln hineinversetzen konnte. Seine Ablehnung gipfelte darin, dass er die Geisel am anderen Ende der Leitung fragte, ob es nicht schön sei, an der Arbeitsstelle zu sterben. Diese Frage war dem Ministerpräsidenten später selbst so peinlich, dass er sie vom Band löschen ließ. Zum Schluss des Gesprächs forderte die junge Frau Palme wütend auf, sich doch gegen sie als Geisel austauschen zu lassen, wenn er ihnen schon nicht helfen wolle. Mit einem bitteren »Danke für die Hilfe« schmiss sie den Hörer auf die Gabel. Palme wurde tragischerweise viele Jahre später selbst Opfer eines Gewaltverbrechens – 1986 wurde er nur wenige hundert Meter von der Bank entfernt ermordet.

Das Gespräch mit Palme sei der Punkt gewesen, an dem sie endgültig aufgehört habe, auf die Hilfe des Staates zu hoffen, so Lundblad. Viel freundlicher als der Staatschef habe sie der Geiselnehmer behandelt. Nie sei er aggressiv geworden, nie habe er ihnen gedroht, sagt Lundblad. Das wenige Essen, das sie hatten, habe er mit seinen Geiseln geteilt – wie auch den Papierkorb, der ihnen als Toilette diente. Hier, im Tresorkeller, aus der engen Perspektive des Kellerverlieses, sei ihr der Staat bürokratisch und rücksichtslos erschienen. Sie habe keine Angst gehabt, von Olsson erschossen zu werden. Sondern vielmehr davor, bei einer Befreiungsaktion getötet zu werden.

Als die Polizei schließlich die Telefonleitungen kappte und von außen die Tür des Tresorraumes verriegelte, tauchten die sechs Menschen in ihre eigene Welt ab. Erst nach sechs Tagen befreite die Polizei die Geiseln. Die während dieser Zeit gemeinsam durchlittene Situation schuf so viel Nähe und Solidarität zwischen Geiseln und Geiselnehmern, dass die Opfer später vor Gericht um Gnade und Verständnis für die beiden Gangster baten.

Schärengeschichten

Kleine Fluchten

Ein Sommerwochenende in der Stadt zu verbringen, können sich die meisten Stockholmer nicht vorstellen. Sie fahren lieber mit dem Boot hinaus in die Schären

Auch ich bin einer von denen, die sich am Samstagmorgen mit einem Picknickkorb beladen oder einem Daypack auf dem Rücken auf den Weg zur Anlegestelle machen. Dort starten die Ausflugsschiffe, die in die Stockholmer Schären hinausfahren. Wer im schwedischen Sommer arbeiten und daher in der Stadt bleiben muss, der kommt zumindest am Wochenende hierher. Den Sommer in der Stadt zu verbringen, ist nicht Sache der Stockholmer. Und eine Fahrt mit dem Schiff hinaus in den Schärengarten ist zumindest eine kleine Flucht.

Wer ganz besonders ungeduldig ist, packt schon während der Hafenausfahrt Thermoskanne und Stullen aus. Kaffeeduft kriecht übers Schiff, und das zweite Frühstück an Bord fordert die ganze Aufmerksamkeit der Esser. Stockholms Schönheiten sind ihnen egal. Kein Wunder: Haben sie sich doch schon Hunderte Male auf den Weg hinaus in die Schären gemacht. Vielleicht gehören sie sogar zu den Glücklichen, die dort ein kleines Wochenendhäuschen besitzen.

Mich versetzt die Fahrt durch die Gewässer der Innenstadt aber immer noch in Erstaunen. Und so lasse ich den Magen knurren und verschiebe mein Frühstück auf später. Ich genieße die Hafenausfahrt, den Blick nach rechts auf das Schloss und das Moderne Museum. Oder nach links auf die Insel Djurgården – dorthin, wo das Nordische Museum, das Freilichtmuseum Skansen, die »Vasa« und der Vergnügungspark Gröna Lund liegen.

Ganz Stockholm scheint an diesem Sommermorgen auf den Beinen und aus der Stadt zu fliehen – als hätten die Fernsehnachrichten einen Vulkanausbruch vorhergesagt. Eine Armada von Freizeitbooten hat Kurs genommen auf die Stockholmer Schären. Doch es droht keine Gefahr. Niemand flieht. Wer jetzt unterwegs ist, spürt Vorfreude im Bauch, freut sich auf ein Wochenende am Meer. Auf Würstchen, die auf dem Grill brutzeln, und auf die gemeinsame Zeit mit der Familie, mit Freunden oder einfach auch auf die Zeit für sich selbst.

Hundertfünfzigtausend Boote befinden sich in Stockholm in Privatbesitz, sagt die Statistik. Sie alle scheinen heute unterwegs zu sein. Platz gibt es auf den Inseln dennoch genug. Denn es sind fast dreißigtausend Inseln, die vor Stockholm im Meer liegen. Große und kleine. Bewaldete und unbewaldete. Bewohnte und unbewohnte. Und es kommen noch immer weitere hinzu. Langsam zwar, aber immerhin: Während der letzten Eiszeit bedeckten riesige Gletschermassen Skandinavien. Sie drückten die Landmassen nach unten. Nachdem die Gletscher abgeschmolzen sind, hebt sich das Land langsam wieder. Dieser Prozess dauert noch immer an: Im Stockholmer Schärengarten steigt die Erde um dreißig Zentimeter an – allerdings binnen einhundert Jahren. Im Laufe der nächsten Jahrtausende werden also weitere Inseln vor der Küste aus dem Wasser steigen.

Enorm ist auch die Zahl der Häuser auf den Schären. Fünfzigtausend Ferienhäuser hat man dort erfasst. Das entspricht rein rechnerisch nicht einmal zwei Häusern pro Insel. Die Bauten verteilen sich allerdings natürlich anders. Und Robinson würde sich sicherlich nicht auf jeder Insel wohlfühlen.

Sobald das Schiff den inneren Hafen verlassen hat, übernimmt die Natur das Kommando über die Farbpalette. Sie gibt die Hintergrundfarben vor: Blau und Grün für Wasser und Wald. Der Mensch darf nur noch einzelne Farbtupfer hinzufügen: Gelb und rot für die Häuser auf den Inseln, und weiß für die Boote und Segel auf dem Meer.

Wohl auch wegen der Farben hat es Künstlerinnen und Künstler schon immer hinaus auf die Schäreninseln gezogen. Dort fanden sie Inspiration, konnten gedankenverloren am Ufer sitzen, die saubere Luft einatmen, sich die Sonne auf die Denkerstirn scheinen lassen und dem Geschrei der Möwen zuhören. Schriftsteller wie August Strindberg beispielsweise. Im Vorwort seines Romans »Die Leute auf Hemsö« schreibt er, dass die Stockholmer Schären schon immer eine besondere Anziehungskraft auf ihn ausgeübt hätten.

Nach gut einer Stunde Fahrt legt unser Boot das erste Mal an. Eilig werden die Picknickkörbe zusammengepackt und die ersten Städter steigen aus. Nach einer weiteren halben Stunde bin auch ich an meinem Ziel angekommen. Mit mir verlassen zehn andere Menschen das Boot. Von der Anlegestelle stapfe ich einen kleinen Pfad in den Wald hinein – und als ich mich umdrehe, sind die anderen schon verschwunden. Ob ihnen das kleine rote Haus neben dem Anleger gehört? Ich jedenfalls bin jetzt allein unterwegs. Habe die Insel für mich. Nach zehn Minuten erreiche ich die andere Seite. Beschließe, es den großen Künstlern gleichzutun. Auch ich suche jetzt nach Inspiration. Die Sonne und das Meer werden mich dabei unterstützen – wie auch der Inhalt meines Picknickkorbes.

Die Vier von Ingmarsö

Die kleinste Schule Schwedens liegt auf einer Schäreninsel vor Stockholm

Große Pause in Ingmarsö. Die Schüler spielen Fangen, dennoch hält sich der Lärm auf dem Hof in Grenzen. Nur vereinzelt ist ein aufgeregtes Lachen zu vernehmen. Eine Pausenaufsicht braucht es hier nicht. Auch niemanden, der die Schüler nach der Pause zurück in den Unterrichtsraum treibt.

An diesem Morgen sind die Kinder der Grundschule von Ingmarsö vollzählig zum Unterricht erschienen. Das heißt: Elisabeth, Jonas, Erik und Sven sind da. Mehr Kinder werden in der kleinsten Schule Schwedens nicht unterrichtet. Jonas ist der Jüngste, er besucht die erste Klasse und unternimmt gerade seine ersten Leseversuche. Elisabeth ist schon viel weiter. Sie spricht bereits Englisch. Das zwar noch nicht perfekt, aber sie ist die Beste ihrer Klasse – und auch die Einzige. Denn in die »Fünfte« geht nur sie. Sven und Erik, die beiden Sechstklässler, sind die Schulältesten – und die einzigen Schüler in Ingmarsö, die überhaupt einen Klassenkameraden haben. Sie büffeln gerade Mathematik, versuchen, mit eng zusammengesteckten Köpfen eine Rechenaufgabe gemeinsam zu lösen.

Ihren Grimassen nach zu urteilen fällt ihnen

das alles andere als leicht. Aber sie haben es so gewollt: In Ingmarsö wählen die Schüler nämlich selbst, wann sie was lernen wollen. Natürlich müssen sie dabei die staatlich vorgeschriebenen Stundenzahlen einhalten. Doch in welcher Reihenfolge sie diese abarbeiten, bleibt ihnen überlassen. Auch Jonas aus der ersten Klasse bestimmt daher über seinen Schulalltag mit. Auf Ingmarsö wird frühzeitig Selbständigkeit geprobt.

Die vier Schüler der Grundschule von Ingmarsö teilen sich aber nicht nur einen Raum, sondern auch eine Lehrerin. Lena Eklund. Sie ist blond und Mitte fünfzig.

Die Schäreninsel sah schon bessere, will sagen kinderreichere Zeiten. Früher lebten hier mehr Familien. Doch viele Bauern gaben ihre Höfe auf, auch Arbeitsplätze fehlten. Und so zogen die meisten Familien aufs Festland. Auch wegen des Klimas: So schön es im Sommer auf Ingmarsö ist, so hart ist hier das Leben im Winter. Wenn ab November der regelmäßige Schiffsverkehr eingestellt wird, wird es recht einsam hier draußen.

Zu den besten Zeiten besuchten neunundzwanzig Kinder die Schule der Insel, erzählt Lena Eklund, die damals zusammen mit einer Kollegin unterrichtete.

In der Regel schließen Behörden Schulen, die weniger als zwölf Kinder haben. Das war auch für Ingmarsö geplant. Doch Lehrerin, Eltern und die übrigen Inselbewohner wehrten sich – mit Erfolg: Die Schulverwaltung des Kreises sah ein, dass, schlösse man die Schule, über kurz oder lang nur noch Rentner auf der Insel leben würden.

Seit 1867 werden die Inselkinder von Ingmarsö unterrichtet. Zunächst paukten die Bauernkinder gemeinsam auf einem der Höfe. Dann, 1901, wurde das kleine rote Schulhaus gebaut. Anfangs hatte dieses nur einen einzigen Raum. Doch im Laufe der Jahre kamen neue Räume hinzu. Heute steht ein richtiges »Schulzentrum« in der Inselmitte – samt Grundschule, Kindergarten und Bibliothek.

Wie überall in Schweden lernen die Kinder auch bei Lena Eklund ganz ohne Notendruck. Zensuren gibt es erst ab der achten Klasse. Und auch danach gilt: Schlechte Noten kommen nicht ins Zeugnis. Schüler, die das Klassenziel nicht erreichen, bekommen keine »Sechs«, sondern eine ausführliche Begründung ins Zeugnis geschrieben. In Schweden setzt man auf Förderung der Schwachen, nicht auf Auslese der Besten. Es geht nicht darum, den schwächeren Schülern ihre Grenzen zu zeigen. Vielmehr sollen sie langsam an das Niveau der besseren herangeführt werden. Wer nicht Schritt halten kann mit dem Rest der Klasse, dem wird ein sogenannter Schülerassistent zur Seite gestellt – ein Lehrer oder Sozialpädagoge, der individuell unterstützt. Wer den Stoff nicht gleich kapiert, verliert ergo nicht automatisch den Anschluss.

Das bedeutet aber nicht, dass es in Schweden keine Prüfungen gibt. Von diesen gibt es sogar mehr als etwa in Deutschland. Nur eben ohne Noten. Die Lehrer verwenden mehr Zeit darauf, mit den Schülern zu sprechen. Ihnen zu erklären, was sie bei den Tests gut oder schlecht gemacht haben. Allein mit roten Korrekturzeichen wird niemand abgespeist. So viel Mühe lohnt sich offenbar: In der viel diskutierten PISA-Studie lagen die schwedischen Schüler zuletzt auf Rang neun, während die Deutschen mit dem zweiundzwanzigsten Platz nicht gerade brillierten. Was die Studie ebenso ergab: Nirgendwo sonst kommen so viele Schüler aus sozial schwachen Schichten zu einem hohen Schulabschluss wie in Schweden.

Kontakt zwischen Lehrerin und Schülern gibt es auf Ingmarsö mehr als genügend. Und einen Schülerassistenten braucht man bei nur vier Kindern auch nicht. Noch größere individuelle Betreuung kann man sich nicht wünschen. Auch die Zahl der vom Schulgesetz vorgeschriebenen Elterngespräche – nämlich zwei pro Jahr – wird in Ingmarsö deutlich übertroffen. Hier kennt jeder jeden. Und so wird ein Schulproblem schon mal beim Einkaufen an der Fleischtheke oder auf der Terrasse des einzigen Restaurants der Insel erörtert. »Als Lehrerin ist man hier auf der Insel eigentlich rund um die Uhr im Dienst«, sagt Lena Eklund und lächelt dabei. Das findet auch Jonas, der Jüngste an Schwedens kleinster Schule. Er will jetzt endlich mit seiner Lehrerin zusammen lesen. Sollen sich Sven und Erik doch alleine die Köpfe über ihren Rechnungen zerbrechen.

Nachsatz: Gut fünf Jahre nachdem dieser Text entstanden ist, habe ich Ingmarsö erneut besucht. Inzwischen ist die Schule geschlossen. Zwar leben jetzt sogar zehn Kinder im Grundschulalter auf der Insel, der Schulverwaltung war der Erhalt der kleinen Schule aber zu teuer.

Die Post schwebt übers Eis

Im Stockholmer Schärengarten werden die Briefe im Winter mit dem Luftkissenboot geliefert

Ungeduldig wartet der alte Mann auf der Schäreninsel Möja auf den Lärm des Luftkissenbootes. Jeden Augenblick muss die Post kommen. Er steht vor dem kleinen Holzhäuschen neben der Landungsbrücke, seine behandschuhten Hände umfassen ein Paket. »Für Björn zum Geburtstag«, sagt er ruhig. Und fügt wie zur Erklärung hinzu: »Mein Enkel.« Der alte Herr hat den Schal fest um den Hals gewickelt. Die blaue Pudelmütze, die er tief ins Gesicht gezogen trägt, begleitet ihn sicherlich schon etliche Jahre. Was wohl in dem Paket sein mag? Zu kaufen gibt es hier auf der Insel nichts. Normalerweise nehmen die Pakete hier den Weg in die umgekehrte Richtung: kommen vom Festland, von Versandhäusern oder Verwandten, hierher auf die kleine Insel.

Auf den Stockholmer Schäreninseln ist man im Winter auf Carepakete angewiesen. Es sind vor allem die Alten, die hier noch leben, hier ausharren, während die Jungen, sobald das Meer zufriert, zurück aufs Festland ziehen. Dann, in den langen Wintermonaten, gibt es keine Arbeit für sie auf den Inseln. Und für die tägliche Fahrt in die Stadt wäre der Weg zu beschwerlich.

Anders im Sommer: Dann sind die Stockholmer Schäreninseln ein beliebtes Ausflugsziel. Ausflugsboote laufen dann die meisten der bewohnten Inseln mehrmals täglich an. Jetzt aber, im kalten Februar, ist Jan Kennebäck der Einzige, der regelmäßig auf Möja vorbeischaut. Fünfmal in der Woche taucht er mit dem gelben Luftkissenboot der Post vor den Inseln des Archipels auf. Doch nur auf Möja gibt es ein richtiges Postamt. Es ist täglich eine halbe Stunde geöffnet – von viertel nach neun bis viertel vor zehn. Zumindest dann, wenn Postbote Kennebäck nicht durch widriges Wetter aufgehalten wird. Das aber passiert selten. Das Luftkissenboot trotzt auch schwedischen Wetterkapriolen.

Früher, vor vielen Jahrzehnten, wurde im Stockholmer Schärengarten im Winter die Post noch auf Skiern ausgetragen. Da kam es schon manchmal zu Verspätungen. Doch den Postillon, der auf Skiern übers zugefrorene Eis kam, hat auch der alte Herr, der mit mir an der Landungsbrücke wartet, nicht mehr erlebt. Ebenso wenig kann er sich an die Zeiten erinnern, als die Postsäcke, an Fallschirmen befestigt, vom Himmel schwebten. Eines weiß er aber noch sehr gut: Dass die Post in den fünfziger, sechziger und siebziger Jahren auf den Schäreninseln per Helikopter ausgeflogen wurde.

Kennebäck kann fast bis zur Tür seines Postamtes »fliegen«. Das Luftkissenboot schwebt auch übers Festland. Vom »Parkplatz« für das Boot bis zur Post sind es nur ein paar Schritte durch den

Schnee. Auf dem kurzen Weg dorthin begrüßt der fliegende Postmann schon seinen einzigen Kunden.

Viele Worte wechseln er und der alte Herr nicht. »Das soll aufs Festland«, erklärt der Alte dem Postbeamten kurz angebunden – und meint damit wohl, dass das Paket nach Stockholm müsse. »Das macht hundertfünfzig Kronen«, erwidert Kennebäck ebenso kurz. Damit hat er dem alten Herrn einen Schnäppchenpreis gemacht; Svenska Posten zeigt sich wieder einmal spendabel. Denn selbst wer seine Post mit dem Luftkissenboot geliefert bekommt, braucht nicht mehr zu bezahlen als jemand aus Stockholm. Würde man den Kunden die tatsächlich entstehenden Kosten für den Transport zwischen Möja und Stockholm in Rechnung stellen, so könnte es sich kein Mensch mehr auf der Insel leisten, Päckchen zu verschicken.

Kennebäck ist aber nicht nur für Pakete und Briefe, sondern auch für Sonderwünsche zuständig. Und der alte Herr hat einen ganz besonderen: »Könntest du mir bis zum nächsten Mal bitte fünf Dosen *snus* mitbringen?«, fragt er den Jüngeren. Kennebäck nickt. Zwar steht es nicht auf der Pflichtenliste der Post, schwedischen Kautabak zu liefern. Doch Kennebäck weiß, dass er für die meisten Inselbewohner viel mehr ist als nur der Briefträger. Er ist ihr Verbindungsglied zur Außenwelt – und als solches bringt er auch die neuesten Zeitungen aus der Großstadt mit und den Tratsch von der Nachbarinsel. Und er erfüllt schon mal einen Sonderwunsch, wie den nach Kautabak.

Hundertzwanzig Kilometer legt Kennebäck täglich mit dem Luftkissenboot zurück. Etwa achtzig Haushalte besucht er Tag für Tag auf seiner Tour. Dafür braucht er fünf Stunden, und damit er seinen Zeit- und Routenplan einhalten kann, schließt Kennebäck nach nur einer halben Stunde die Tür des Minipostamtes auf Möja hinter sich zu. Der ältere Herr hat sich inzwischen verabschiedet. Er stapft zufrieden durch den Schnee, weiß er doch, dass sein Enkel das Geschenk am nächsten Tag in den Händen halten wird – und er seinen Kautabak.

Doch Möja ist nicht die letzte Station von Kennebäck. Er setzt seinen Weg fort nach Södra Stavsudda. Dort gibt es keine eigene Poststation, sondern nur eine lange Reihe grüner Briefkästen an der Anlegestelle. Da man auf den Schäreninseln genügend Zeit hat, reicht es den wenigen Bewohnern meist, wenn sie irgendwann im Laufe des Tages ihre Post abholen. Oder auch erst am nächsten Tag – je nachdem, wie stark der Schneefall ist oder der Sturm tobt. Kein Wunder: Für manchen ist der Weg zum Briefkasten alles andere als kurz. Ein bis zwei Kilometer sind normal.

Ann Brisius hat die Kälte nicht abgeschreckt, zur Anlegestelle zu kommen und Kennebäck zu begrüßen. Sie möchte zwar nur einen Brief abgeben, verbindet diese Aufgabe aber mit einem ausführlichen Schwatz mit dem Postmann – und mit einem dicken Lob an ihn: »Unsere Postler sind die besten der Welt«, sagt sie und lächelt Kennebäck an. Der lächelt zurück und erwidert das Kompliment. Er mache zwar denselben Job wie seine Kollegen an Land, sagt er, doch seine Kunden seien viel dankbarer. Häufig werde er zu Kaffee und Kuchen eingeladen. Ann Brisius hat den Wink mit dem Zaunpfahl verstanden: Morgen wird sie sicherlich mit Thermoskanne und Frischhaltedose zur Anlegestelle von Södra Stavsudda kommen.

Stockholmer Stimmungen

Dem Himmel entgegen

Mit dem Ballon über Stockholm

»Fahren und Fliegen« – welcher Name könnte passender sein für ein Unternehmen, das Ballonflüge organisiert? Mit »Far & Flyg« werde ich jedenfalls über Stockholm fahren. Der Mann am Brenner heißt Kjell Abrahamsson. Kjell ist Anfang dreißig und einer, der viel lacht, aber wenig spricht. Und er ist groß und blond – gerade so, wie man sich einen Schweden vorstellt. Die kurzen Haare hat Kjell unter einer grauen Baseballkappe versteckt. Und die trägt er so stolz wie der Kapitän eines Ozeanliners seine Kapitänsmütze.

So etwas Ähnliches ist er ja auch – nur eben ein Kapitän der Lüfte. Im Kleinbus samt Anhänger geht es zunächst von unserem Treffpunkt quer durch die Stadt; Kjell sucht einen guten Startpunkt für den Ballon. Denn der Wind bestimmt, wo die Tour beginnt. »Die Fahrt!«, betont Kjell nochmals: »Ein Ballon fliegt nicht«, rügt er meinen Nebenmann. Bei seinem Firmennamen »Fahren und Fliegen« war Kjell offenbar toleranter.

Nach halbstündiger Fahrt – jetzt noch mit dem Auto – bringt Kjell den Wagen in der Nähe des

Kaknästorn zum Stehen. Davor hatte er den Wagen immer wieder angehalten, die Karte intensiv studiert, und das Ganze mit schweigendem Grübeln garniert. Jetzt sind wir da. Vor dem Kaknästorn dürfen wir aussteigen. Der Turm ist mit hundertfünfundfünfzig Metern das höchste Bauwerk Stockholms. Welcher Ort könnte als Startpunkt für Himmelstürmer wie uns passender sein?

Wir, das sind zehn neugierige Touristen und Kjell. Gut, dass der Flug ausgebucht ist, denn es braucht viele Hände, das Fluggerät aufzubauen. Wir wuchten den Korb vom Hänger, heben die riesige Tasche mit der Ballonhülle herunter, legen die Hülle aus und füllen schließlich den Ballon mit heißer Luft. Und davon brauchen wir jede Menge: Zunächst wird kalte Luft in den Ballon gepumpt, und diese dann mit einem Brenner auf achtzig bis hundert Grad erwärmt. Mit der heißen Luft steigt auch der Ballon nach oben.

Kjell gibt seine Anweisungen ruhig. Wir Fluglaien gehorchen brav, ziehen mal hier, halten mal da, oder bringen den Brenner in Stellung. Es gibt viel zu tun, bevor Ballonfahrer vom Erdboden abheben können. Es vergehen auch nur wenige Minuten, und schon sind wir Statisten für Fotos und Heimvideos. Bald stehen um uns so viele Zuschauer, dass mancher Fußball-Bezirksligist neidisch wäre. Es stört mich nicht, denn ich erinnere mich gut: Wann immer in meiner Jugend ein Heißluftballon in der Nähe unseres Hauses startete, flitzte ich mit dem Fahrrad dorthin und sah neugierig zu.

Dieselbe Faszination scheinen Heißluftballone auf Menschen bis heute auszuüben.

Einer unserer Zaungäste fragt sogar nach einem Last-Minute-Ticket. Doch unser Ballon ist kein Billigflieger – auch deswegen muss Kjell dem Interessenten eine Absage erteilen. Er dürfe aber gerne helfen, fordert Kjell den Ballonfan auf – was dieser ohne zu zögern auch tut. Die zusätzliche Hilfe können wir gut gebrauchen, denn inzwischen drängt es den gefüllten Ballon nach oben. Wir klettern ungeduldig in den Korb, würden gerne endlich abheben, doch Kjell zupft noch hier an einer Leine, richtet da noch das GPS ein oder wechselt die Gasflasche aus – und erst, als auch er mit den Vorbereitungen fertig ist und das Kommando gibt, lassen die Helfer die Leinen los. Die Fahrt über die Stadt beginnt.

Fast unmerklich erhebt sich unser Ballon. Dennoch gewinnen wir schnell an Höhe, lassen den Kaknästorn bald tief unter und dann weit hinter uns. Der Wind wählt unsere Reiseroute, treibt uns nach Westen, Richtung Stadtzentrum. Der hohe Turm des Stadshuset am Ufer des Mälarsees kommt immer näher, ebenso Gamla Stan mit dem Schloss und der Riddarholmskyrka. Und weit hinten am Horizont, vom Dunst der Großstadt in sanftes Licht getaucht, sehe ich den Globen, die große Sportarena, die wie ein überdimensionales Ei über den südlichen Stadtrand ragt.

In seinen Werbebroschüren nennt sich Stockholm gerne »das Venedig des Nordens«, dabei hat die Stadt Vergleiche eigentlich nicht nötig: Sie überzeugt mit ihrer eigenen, unverwechselbaren Schönheit. Doch wie Venedig ist auch Stockholm eine Stadt des Wassers. Wie sehr, das wird uns hier oben bewusst: vor uns das Meer mit seinen Tausenden von Inseln. Unter uns kleine Seen, Tümpel und Flüsse, und weit im Westen der Mälaren, der große See, an dessen Ufer Teile der Stadt liegen. Aber Stockholm ist von oben nicht nur blau. Auch viel Grün ist zu sehen – riesige Parkflächen innerhalb der Stadtgrenze. Auch der Ekoparken, der einzige innerstädtische Nationalpark der Welt, liegt hier.

Vier-, fünfhundert Meter über der Stadt gleiten wir dahin. Ich sehe die Menschen unter uns in den Straßen. Winzig klein zwar, doch wenn sie ihre Köpfe heben und zu uns hinaufblicken, erkenne ich das mit freiem Auge. Manche winken uns auch zu – und manchmal winke ich zurück. Doch die meiste Zeit genieße ich einfach die Stille, die allerdings in regelmäßigen Abständen durch das laute Fauchen des Brenners gestört wird. Denn um die Höhe zu halten, muss immer wieder nachgeheizt werden.

Vielleicht sind alle Ballonfahrer so schweigsam wie Kjell, weil eine lange Unterhaltung hier oben gar nicht möglich ist. Wer zu viel spricht, dessen Worte werden vom Lärm des Brenners unterbrochen. Und vielleicht lachen alle Ballonfahrer so gerne wie Kjell, weil sie jeden Tag diesen großartigen Ausblick genießen dürfen. Selbst die Vorstädte

Stockholms, in denen sich etliche Bausünden befinden, wirken von hier oben attraktiv. Und ein bisschen erinnern die in strenge geometrische Formen gezwängten Viertel mit ihren Fünfgeschossern aus der Luft an Gemälde im Stil des Konstruktivismus und der klassischen Moderne – Malewitsch und Mondrian lassen grüßen.

Nach knapp einer Stunde Fahrt senkt sich unser Ballon langsam. Wir nähern uns dem Landeplatz, dem alten Flugplatz von Barkarby. Erstmals seit dem Start meldet sich unser schweigsamer Kapitän wieder zu Wort. »Haltet euch gut fest! Geht leicht in die Knie! Und – ganz wichtig – verlasst den Korb nicht ohne meine Erlaubnis!«, instruiert er uns für die Landung. Als wären wir ein Flieger, setzen wir punktgenau auf der Landebahn des alten Flughafens auf. Respekt, Kjell!, denke ich. Doch noch bevor ich mein Lob aussprechen kann, hebt der Ballon wieder ab und hopp, hopp, hopp und flopp – landen wir mit umgestürztem Korb auf der Wiese neben der Landebahn. Das sei normal, sagt Kjell völlig gefasst: Heißluftballone seien den Launen des Windes ausgeliefert – »und haben eben keinen Steuerknüppel«.

Streicheln auf der Haut

Ein Spätsommerabend am Ufer des Mälarsees

Langes blondes Haar, ein weißes T-Shirt, ausgewaschene Jeans. Regungslos steht sie am Wasser, mit dem Rücken zu mir. Blickt hinaus auf den See. Der Wind hat leicht aufgefrischt. Spürt sie wie ich den kühlen Luftzug im Nacken? Noch kämpfen die letzten Strahlen der Abendsonne gegen die Kälte an. Streicheln mir warm über die Wange, als verabschiedeten sie sich von einem Freund, dem man versichern möchte, dass man bald wieder zurückkehren werde.

Langsam zieht ein weißes Schiff vorbei. Es ist auf dem Weg zur Anlegestelle. Dort wird es von schreienden Möwen begrüßt. Die weißen Vögel hoffen wohl auf ein Abendessen, spendiert von den Gästen auf dem Schiff.

Jenseits des Wassers, auf einer Insel, steht eine Kirche aus rotem Backstein. Eingeklemmt zwischen gelben Häusern, reckt sie ihren Turm in die Höhe. Dort drüben am Ufer unter Bäumen stehen auch ein paar Bänke. Menschen sitzen darauf. Ihre Gesichter sind von hier aus nicht zu erkennen. Aber ich stelle mir vor, dass sie zufrieden aussehen. Mit geschlossenen Augen die Abendsonne genießen oder auf den See hinausblicken.

Den alten Dampfschiffen zuschauen, die langsam über das Wasser tuckern und die aus einer Zeit stammen, in der man noch keine Eile kannte. Diese Gemütlichkeit haben die Schiffe mit in die Moderne genommen. Wer mit ihnen unterwegs ist, hat keine Hast. Nimmt eine Auszeit vom Jetzt. Lässt die Landschaft in Zeitlupe an sich vorbeigleiten.

Ich nähere mich einen Schritt dem See. Atme den Geruch des Wassers ein. Gegen diese Frische kommen auch die Autos nicht an, die nicht weit hinter mir die Straße entlangrollen. Die meisten ihrer Fahrer befinden sich wohl auf dem Weg nach Hause. Wenn sie sich beeilen, ergattern auch sie noch ein paar Strahlen der Sonne – auf dem Balkon oder im Garten.

Erneut zieht ein Schiff meinen Blick auf sich. Es fährt ebenfalls der Anlegestelle entgegen, treibt kleine Wellen vor sich her. Die blau-gelbe Fahne am Heck flattert im Abendwind. An Deck eine kleine Frau im leichten Sommerkleid. Sie fröstelt, hat die Jacke eng um ihre zierliche Taille gezogen. Der Mann neben ihr trotzt in Shorts und kurzem Hemd tapfer dem kühlen Abendwind: Er hält die Arme vor seinem schweren Körper verschränkt.

Die Unbekannte vor mir am Kai dreht sich um. In der Hand hält sie eine Kamera. Hat sie das einlaufende Schiff im Abendlicht fotografiert, im Hintergrund die malerische Insel mit der Kirche? Vielleicht. Aber es wird ihr nicht gelungen sein, den wirklichen Anblick des abendlichen Stockholms zu bannen. Die Schreie der Möwen, den Geruch des Wassers, den Hauch des Abendwinds auf der Haut und das zärtliche Streicheln der Sonne – all das wird auf ihrem Bild fehlen.